アントニオ猪木は1967年以降、ジャイアント馬場と共に日本プロレスを支える大黒柱として活躍。写真は1968年10月頃に撮影された日プロ四天王（馬場、猪木、吉村道明、大木金太郎）の特写

（右・左）馬場との黄金コンビ「BI砲」は、1960年代後半から70年代初頭にかけてプロレス人気を牽引

1969年3月26日～29日にわたって行われた南伊豆・今井浜海岸合宿の特写。左から山本小鉄、星野勘太郎、猪木、吉村、坂口征二、大熊元司

（右）1969年5・16東京体育館でクリス・マルコフを破った猪木は悲願のワールドリーグ初優勝を果たした（左）BIコンビは無敵のインターナショナルタッグ王者として活躍。写真は1969年11・1蔵前国技館、ザ・デストロイヤー&キラー・オースチン組を下し王座防衛

INTERNATIONAL

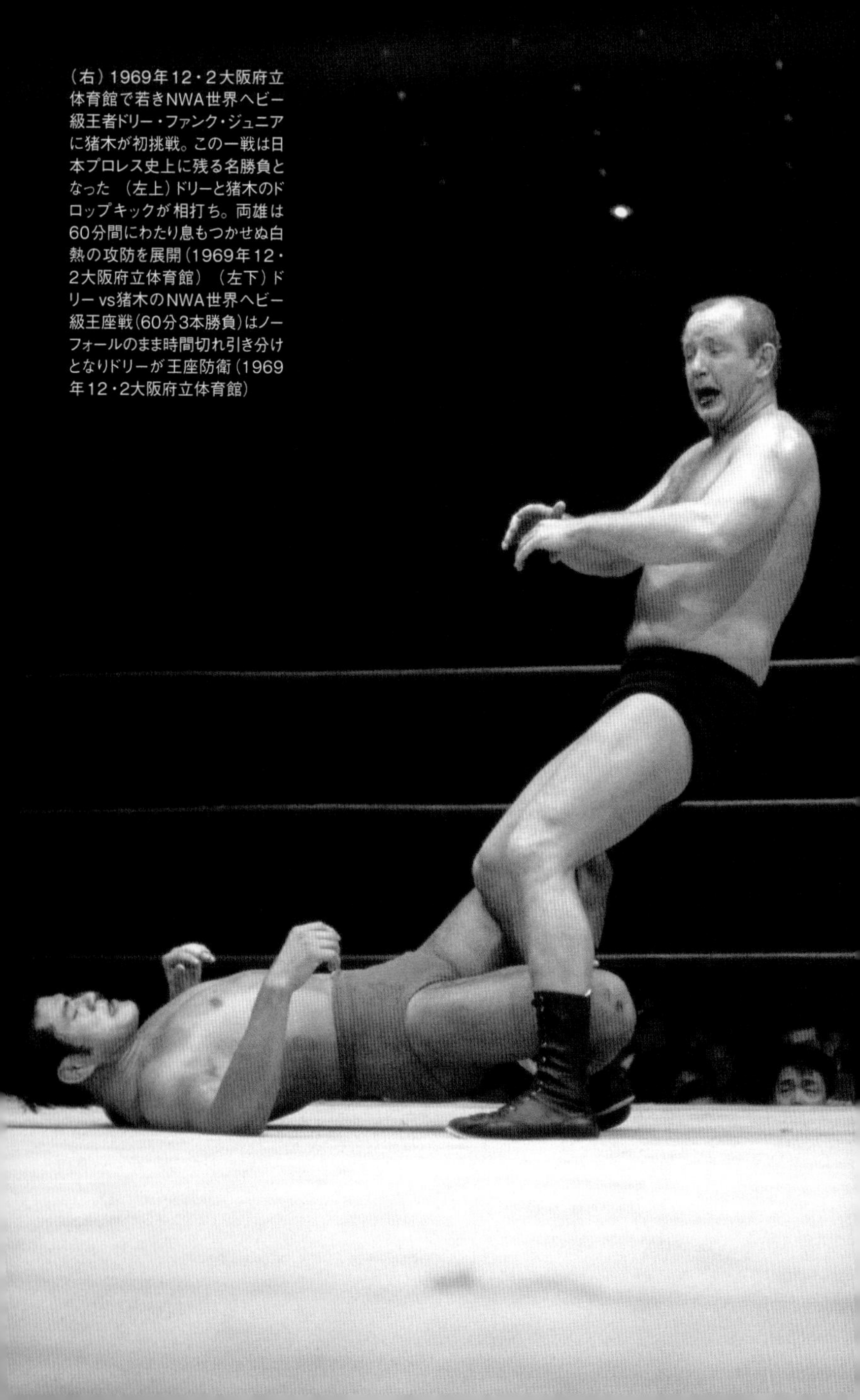

（右）1969年12・2大阪府立体育館で若きNWA世界ヘビー級王者ドリー・ファンク・ジュニアに猪木が初挑戦。この一戦は日本プロレス史上に残る名勝負となった　（左上）ドリーと猪木のドロップキックが相打ち。両雄は60分間にわたり息もつかせぬ白熱の攻防を展開（1969年12・2大阪府立体育館）（左下）ドリーvs猪木のNWA世界ヘビー級王座戦（60分3本勝負）はノーフォールのまま時間切れ引き分けとなりドリーが王座防衛（1969年12・2大阪府立体育館）

（右）1970年秋に初開催されたタッグリーグ「第1回 NWAタッグリーグ戦」には星野勘太郎と組んで出場し、見事優勝を果たした
（左）東京プロレス時代の宿敵ジョニー・バレンタインとの伝説の死闘が日プロマットで復活。1970年11・27横浜文化体育館の一騎打ちは1対1のまま45分時間切れ引き分け。写真は2本目のフィニッシュとなった「初公開」のダブルアーム・スープレックス

1971年3・26アメリカ・ロサンゼルス、オリンピック・オーデトリアムでジョン・トロスを破りUN王座を獲得。日プロマットで念願のシングル王者となった

1971年春の第13回ワールドリーグ戦は成績や結果よりも、猪木が同門の馬場に対して突きつけた掟破りの対戦要求に注目が集まった(写真は4・7大阪府立体育館、ザ・デストロイヤーとの公式戦)

(上・下)1971年8・5愛知県体育館、ジャック・ブリスコとのUN王座防衛戦で芸術的なジャーマン・スープレックス・ホールドを決めた(2本目奪取)

3本目、コブラツイストでブリスコをギブアップさせ、UN王座防衛。このブリスコとのUN王座戦は、日プロ時代の猪木史上に残る名勝負となった（1971年8・5愛知県体育館）

（右）UN王座戦で大物フリッツ・フォン・エリックを迎撃。鉄の爪の猛攻に耐え抜き、辛くも王座防衛（1971年9・6札幌中島スポーツセンター）
（左）1971年12・4宮城県スポーツセンターでディック・マードックを2対1で破りUN王座4度目の防衛に成功。猪木追放事件が起こったため、これが最後のUN王座戦となった

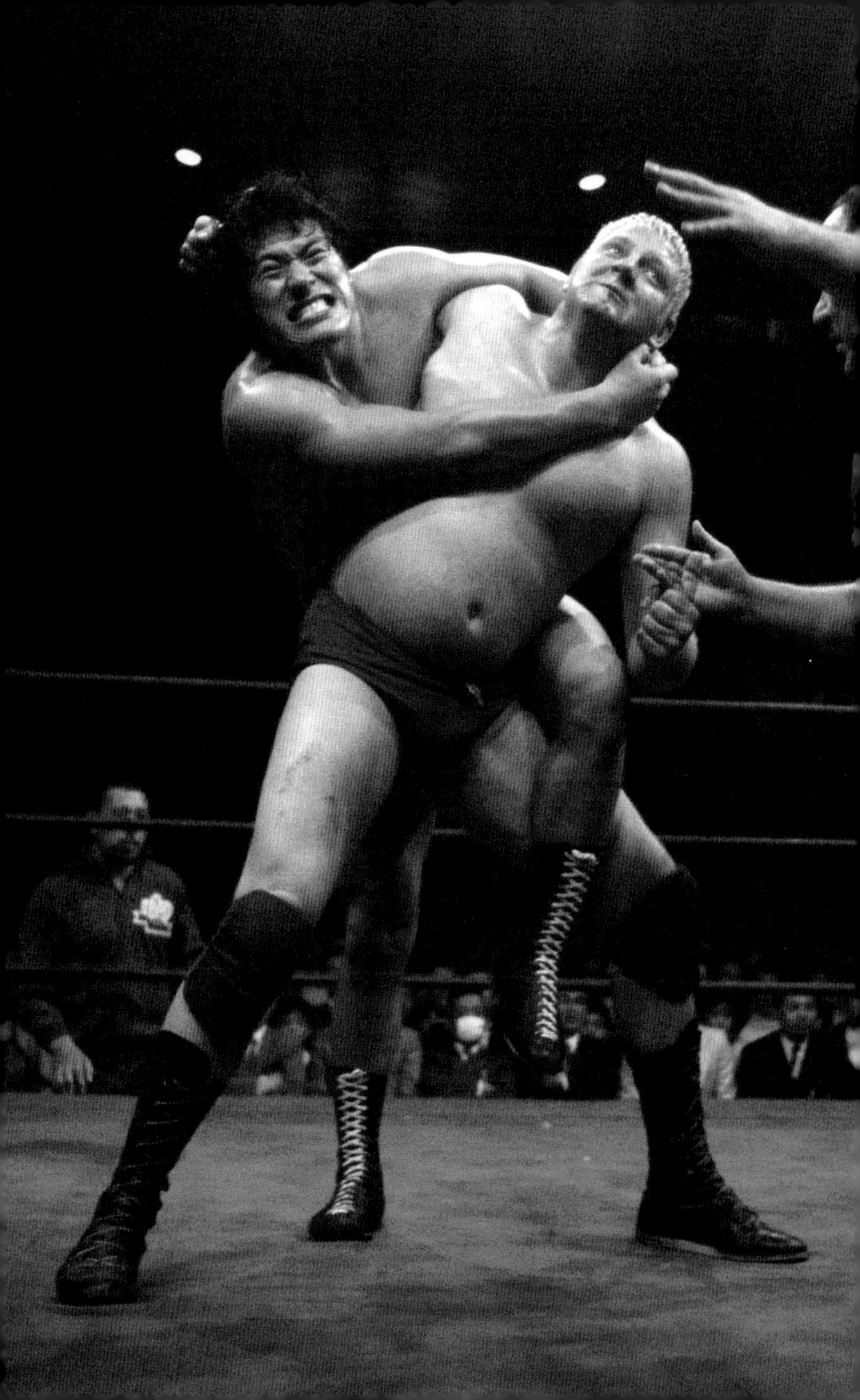

1971年12・7札幌中島スポーツセンターで馬場と組んでファンク兄弟と戦うも、BI砲が敗れてインターナショナルタッグ王座から陥落。猪木の日プロ・ラストマッチに

クーデターを画策したとして1971年12月13日に日本プロレスから除名された猪木は翌14日に新宿・京王プラザホテルで反撃の記者会見（写真）。しかし覆水盆に返らずで、猪木は新団体（新日本プロレス）設立へ動き出した

超マニアックな視点でたどる
アントニオ猪木物語

猪木戦記

第1巻 若獅子編

プロレス評論家
流智美 著

猪木戦記　第1巻　若獅子編

もくじ

編集　本多 誠（元『週刊プロレス』編集長）
デザイン　間野 成（株式会社間野デザイン）

1967年（昭和42年）

馬場の弟分、ゴッチの弟子として着々と爪を研《と》ぐ

第9回ワールドリーグ戦

マスコミの目を欺《あざむ》いて日本プロレスに復帰し、「BI砲」時代が開幕！

アントニオ猪木が「若獅子」の異名を授かりプロレス界のスターに颯爽と駆け上がったのは、一度飛び出した日本プロレスに1967年4月に復帰してからのことだ。

力道山に見いだされ日本プロレスで1960年にデビューした猪木は、豊登に誘われて1966年に日本プロレスを飛び出し、東京プロレスを旗揚げした。しかしわずか2シリーズを消化したのち、1967年1月に国際プロレス旗揚げに協力したのを最後に東京プロレスは瓦解した。

東京プロレスとしてのラスト試合（1月31日、宮城県スポーツセンター、国際プロレス。ジョニー・バレンタイ

4月6日の日プロ復帰会見

ンに15分15秒、コブラツイストで勝利）から沈黙を保っていた猪木は、2月と3月はマスコミから姿を隠すように公の場には姿を現さなかった。猪木と親しい石川雅清氏がプロレス担当記者だった『デイリースポーツ』は、3月に入ると「猪木、日本プロレスに復帰か？」的な記事を小出しで書いていたが、他の主力プロレス・マスコミである『東京スポーツ』、『日刊スポーツ』、『スポーツニッポン』、『スポーツタイムズ』、『日刊観光』は猪木との個人的な関係が薄かったことで沈黙を貫き、日刊観光あたりは「近くアメリカ遠征に出発し、ジン・キニスキーのNWA世界王座に挑戦するようだ」などという的外れな「トバシ（憶測）記事」を書いている。

4月9日、アメリカに出発

そんな中、遂に猪木が行動に出たのは4月6日だった。午後4時30分、自民党副総裁の川島正次郎（日本プロレスコミッショナー）の事務所（千代田区丸の内のパレスホテル701号室）で日本プロレス協会の芳の里代表、平井義一会長との共同記者会見が行われ、正式に猪木の日本プロレス復帰が発表された。会見の席上、猪木には多くの厳しい質問が投げかけられたが（東京プロレスの残りのメンバーについての処遇、豊登との裁判についての推移、試合出場の時期など）、答えについては芳の里が多くを代弁した。猪木は4月7日（金曜日＝日本テレビで生中継）、後楽園ホールでの「第9回ワールドリーグ戦」開幕戦にスーツ姿で登場し、日本プロレス復帰を観客の前で発表（猪木自身はマイクを握らず、九州山が代弁）。全選手が勢ぞろいする恒例の入場式でワルドー・フォン・エリック、ブッチャー・バションに襲われガウン姿のままダウンしたジャイアント馬場を救出するために（控室への通路にいたところを）颯爽とリングに戻ったタイミングは、その後の猪木を象徴する絶妙のシーンだった。9日の午後7時15分、猪木は

ーツタイムス　昭和42年（1967年）5月7日　（日曜日）

無念！馬場、魔王に屈

強烈16文腰投げ

観衆五〇〇〇人

〝ズシン、ズシン〟鈍い音を立て、デストロイヤーの胸板に食い込む馬場のキック。

▽メーンエベント30分一本勝負

W戦第35試合

T・デストロイヤー（5勝）　10分47秒 コブラツイスト　馬場（5勝1敗）

◇…無敗同士の激突。体育館を埋めた五千のファンは、声を限りに馬場の名を連呼する。

馬場の空手がいきなり魔王にサク裂し、乱戦ムードのフタは切って落とされた。デストロイヤーの一本背負い、ニードロップ。馬場のボデーシザース。まさに王者同士の決戦とあって、一分たりとも休みのない攻防が続く。

◇…デストロイヤーがペースをつかんだ。首投げを連発し、ダブルニードロップを首スジめがけて落下させる。四発目、空を切って自爆し、自らの左ヒザに16文キックをあびるやサッとロープ外に難をのがれる。ふたたびリング内にもどれば、腰ツブシを食わせて4の字固めをねらう。

◇…危機一発、Gチョップで脱出した馬場だが、続いて放った二ードロップをはずされた。チャンスと見てとり、再度ねらったデストロイヤーの4の字固め。だが馬場は巴投げでまたかわした。

あくまでも4の字固めに固執するデストロイヤーは、三たび馬場の足に、自らの足をからみつかせた。必死で逃げまくる馬場は、窮余の一策、デストロイヤーの足首をつかんでロープに逃げた。

◇…やっと反撃のチャンスをつかんだ馬場は、怒濤のような殺人フルコースの連発に活路を見い出そうとした。まずデストロイヤーをロープにとばして空手水平の洗礼。続いては16文キックをたたみかける。だが魔王はまだひるまない。調子の波に乗った馬場は腰投げを放った。大きく吹っとぶデストロイヤー。さらにもう一発。

◇…ここに大きな落とし穴がかまえていた。馬場の放とうとした二発目の腰投げ。デストロイヤーはシッカと腰に抱きつき、目にも止まらぬ早わざのコブラツイスト。まさにデストロイヤーが〝打倒馬場〟のために、磨きをかけてきた秘技。4の字固めで馬場の気を引いて、伝家の宝刀を温存するあたり、インテリ・レスラーならではの頭脳プレーだった。

猪木、復帰第一戦飾る

▽セミファイナル45分三本勝負

吉村・猪木　2－1　M・ディビアス・D・ミラー

○日本組　20分7秒 反則勝ち　外人組

○猪木　3分9秒 コブラツイスト　ディビアス

◇…日本プロレス協会復帰第一戦とあって、猪木が人気を独占した。吉村との初タッグにもかかわらず呼吸はピッタリ。一本目は不運にも外人組のワナにかかって反則パンチの洗礼を浴びたが、かろうじて反則勝ちした。二本目、奮起した猪木は空手水平、ドロップキックなどの得意わざでディビアス、ミラーを痛めつけ、十八番のコブラツイストを決めた。

こうしてリングは猪木の一人舞台となり、復帰第一戦をみごとに勝利で飾った。

5・5鳥取大会における日プロ復帰戦を報じる「スポーツタイムズ」記事（5月7日付）

羽田空港発のカナダ航空機でバンクーバーに出発した。表向きのコメントは「2カ月も試合をしていないので、カナダの冷たい空気の下、ランニングを主体にしたコンディション調整と特訓」だったが、実際はモンタナ州ビュッテにいたダイアナ夫人と娘の文子（ふみこ）ちゃんに会って、日本での生活を始めるための準備をすることにあった。ビュッテにはダイアナ夫人の実家があり、両親が住んでいた。東京プロレスの設立以来、金銭的に苦しかったため日本で同居できなかった夫人と愛娘を説得し、東京で暮らすことを（ダイアナさんの）両親にも説明の上、承諾を得ている。

5月3日に帰国した猪木は、5月5日（金曜日=生中継）の鳥取市体育館大会から試合に出場。セミファイナルで吉村道明と組み、ダン・ミラー、マイク・デビアス組に快勝し、豪快に日本プロレス復帰第一戦を飾った。1本目はデビアスが暴走しての反則勝ちだったが、2本目は猪木のコブラツイストが鮮やかに決まってデビアスがギブアップ。このあとのメインイベント（ワールドリーグ公式戦）でエースの馬場がザ・デストロイヤーのコブラツイストでギブアップ負けを喫しただけに、奇しくもコブラツイストの競演によって猪木、馬場の明暗が分かれた夜になった。

「第9回ワールドリーグ戦」は既に終盤戦に入っており、このあと猪木は最終戦（5月17日の横浜文化体育館）まで「特別参加」的な役回りで残りの全興行（9試合）に出場している。シングル戦は3試合あり、M・デビアス、パンペロ・フィルポには快勝したものの、曲者ダン・ミラー（ビッグ・ビル・ミラーの実弟）とは20分時間切れ引き分けに持ち込まれており、まだ本調子には戻っていないような印象を持たせた。

5月12日の岐阜市民センター大会は金曜日だったため、テレビ中継があった。この時期は、まだ

スポーツタイムズ　昭和42年(1967年)5月14日　(日曜日)

馬場、尾底骨割り込

猪木と初コンビ、大暴れ

巨砲コンビ誕生――①馬場の16文キックがエリックをとらえると、すかさず猪木もエリックに襲いかかる。②猪木の猛攻にピアスはダウン寸前。馬場も満足げだ。

▽メーンエベント60分三本勝負

馬場
猪木　2―0　エリック
　　　　　　デイ・ピアス

○日本組　19分44秒　反則勝ち　外人組
○猪木　5分17秒　コブラツイスト　ピアス

一本目

◇…金一にかわり吉村からアジア・タッグのパートナーに指命された猪木は俄然ハッスルした。むろん馬場とのコンビは日本最強チーム。

猪木復帰以来、初のコンビ結成だが、世界のどこへだしても一流中の一流として通用する実力をもっている。このチームを眼のあたりにみれる岐阜のファンはツイている。

◇…相棒が猪木とあってエース馬場がスタートを買った。これをみた外人組もエース、エリックが登場。エリックはまえの試合でデストロイヤーに決勝進出の夢を砕かれたためか、怒りと無念さでその形相はたとえようのないスゴ味がある。

◇…馬場、猪木のコンビはさすがに迫力じゅうぶんだ。エリックがいくら怒ってみても馬場、猪木のパワーがひとつになればとうてい勝ち目はない。外人組が勝つには馬場、猪木を完全に分断し、その一方を二人がかりで痛めつけるしか方法はない。10分すぎ、それが成功した。馬場をコーナーにクギ付けしてなぐる蹴るの集中打。さらにエリックがグロッギーの馬場をカウンター・キックでダウンさすなど、外人組得意の反則作戦が観衆をハラハラさせた。

◇…この外人組の戦法は予想外に功を奏して、馬場、猪木はまったくの劣勢。空手も馬場の16文キックも決定的なダメージを与えないまま、ペースはカク乱された。馬場、猪木はにわかにアセりだし、猪木がエリックに躍りかかった瞬間、ピアスが猪木のうしろにしのび寄ったからたまらない。猪木はマット上をのたうちまわった。この反則をすばやく見てとったレフェリーは日本組の反則勝ちを宣した。

第九回W・リーグ第27戦
日時　5月12日午後6時30分
場所　岐阜市民センター
観衆　五〇〇〇人

二本目

◇…エキサイトした猪木がピアスを場外へ叩き落としてキックの乱打。代わったエリックにもキックとパンチで猛襲されたがコーナー・ポストへたたきつけて逆襲。ここで馬場がピアスに脳天逆落としを二発。形勢不利とエリックが救援にとび出すと、猪木も出てきて四人の乱闘となった。馬場は逃げるエリックを場外へ追いかけて空手、キックの複合攻撃。その間マット上で弱ったピアスをコブラツイストに決めた猪木の手が高々と上がり、日本組はストレート勝ちした。

それにしてもいささか相棒はずれの日本組だったが、はじめてタッグを組んだのだから息がピッタリ合わなかったのもやむを得ないかも知れない。こんごに注目したい。

場外にピアスをたた
パンチの乱打を見舞

26日・札幌でアジア・タッグ選手権争奪戦

吉村・猪木組とアーキンス・エリック組

金一の自動車事故で

負傷した金一

日本プロレス協会は十二日午後、大阪巡業先の岐阜市体育館で記者会見を行ない「WWA世界チャンピオン、金一（大木金太郎）が韓国・大田市で自動車事故のため負傷、当分帰日できないため吉村道明選手と保持するアジア・タッグ選手権者を辞退する、と本人から日本プロレス協会、同コミッショナーに申し出てきた。このため、吉村選手は新パートナーに猪木完至選手を指名、きたる五月二十六日札幌市で吉村、猪木組対ワルドー・フォン・エリック、アイク・アーキンス組が選手権争奪試合を行なう」と発表した。

金一は去る二十九日、韓国・京城市でWWA世界チャンピオン、

5・12岐阜大会におけるBI砲結成を報じる「スポーツタイムズ」記事（5月14日付）

日本テレビで金曜夜8時から「日本プロレス中継」と「夢の王国・ディズニーランド」が交代（隔週）で放送されており（夜8時からディズニーの週は、プロレスは夜10時台に放送）、この5月12日は夜10時20分から11時までのワクでの放送だった。ここで初めて馬場と猪木がタッグを組み、ワルドー・フォン・エリック、M・デビアス組に2対0で快勝している（1本目は反則勝ち、2本目は猪木がコブラツイストでデビアスからギブアップ奪取）。ここから、4年半にわたる長い「BI砲」の時代が幕を開けた。

この「BI砲」誕生の段階で私は9歳（1957年11月16日生まれ）。翌年（1968年）の稿でも触れるが、私はまだプロレスには興味がわいておらず（一番の興味は「ウルトラQ」、「ウルトラマン」、「ゴジラ」、「ガメラ」などの特撮もの）、日本テレビの中継もスポーツ新聞も雑誌（まだベースボール・マガジン社の『プロレス&ボクシング』しかなかった）もフォローしていない。従ってこの1967年の猪木に関しては、翌年にファンになってから収集したものや先輩記者から拝聴したことを基に書いている。実際に自分で見ていない猪木について書くのは筆者として引け目を感じるのだが、そこはあらかじめご了承いただきたい。

猪木は1998年に55歳で引退するまで「滅多なことでギブアップをしないレスラー」だったが、5月14日の栃木県体育館におけるメインイベント（馬場、猪木対デストロイヤー、デビアス、60分3本勝負）の1本目、デビアスのアルゼンチン・バックブリーカーでギブアップし、1本目を失っている。2本目はコブラツイストでデビアスにリベンジし、3本目は日本組がリングアウトで辛くも勝利をつかんだが、実力的にはデストロイヤーやワルドー・V・エリックに勝るとも劣らなかったデビアスの面目躍如たる記録だと思う。このあとデビアスはロス・マットに定着し、まずパンペロ・フィルポからアメリカス・ヘビー級王座を、そしてカール・ゴッチとのコンビでペドロ・モラレス、リッキー・ロメロを破りＷＷＡタッグ王座を、更にはキム・イル（大木金太郎）を破りＷＷＡ世界ヘビー級王座を獲得するなどベルトを総ナメにし「ロス三冠王」になっているのも凄い。２年後（１９６９年）の７月、デビアスはテキサス州ラバックにおけるマンマウンティン・マイクとの試合中に心臓発作で倒れ、45歳の若さで急死したが、存命であればトップクラスの実力者として何度も来日し、その後も猪木と名勝負を繰り広げていたことは間違いないだろう。バーン・ガニア、ディック・ハットン、レイ・ガンクル、ボブ・ガイゲルらと同年代に全米アマレス界で大活躍し、卒業後にプロでトップを取った一人だったが、息子になったテッド・デビアス（再婚したヘレン夫人の連れ子）が父親の遺志を継いでアマリロ地区（ファンク・ファミリーの本拠地）でデビューを果たした裏には、父親（マイク）の無念を晴らそうとする強い気持ちが存在したに違いない。

アイアンクロー・シリーズ

「馬場の弟分」「馬場に次ぐナンバーツー」の地位を得ることに成功

「第９回ワールドリーグ戦」は５月17日に横浜文化体育館で終了（決勝戦は馬場がデストロイヤーを破り２年連続優勝）。中２日を置いて、20日からはフリッツ・フォン・エリック、リップ・ホーク、スエード・ハンセン、アイク・アーキンスの４人を迎えて「アイアンクロー・シリーズ」が開幕した（27日までの全7戦）。19日の羽田空港は「ワールドリーグ戦」を終えてアメリカに帰国するデストロイヤーら6人（ワルドーは残留）とフリッツら4人が鉢合わせするシーンがあり、フリッツとデストロイヤーが笑顔で握手を交わしている。28日に開幕する「ゴールデン・シリーズ」のエースとしてドン・レオ・ジョナサンもこの19日に来日したが、ジョナサンは25日までの期間に柔道の総本山である講道館を訪問したり、2月に入門したばかりの坂口征二（元・柔道日本一）に胸を貸すなど、「アイアンクロー・シリーズ」には出場せずに独自の日程をこなしていた。おそらく「ゴールデン・シリーズ」開幕までのフリータイムはノーギャラだったと思われるが、いかにも親日家のジョナサンらしいパスタイムだった。

猪木にとってシリーズの山場となったのは5月26日の札幌中島スポーツセンター。4月に大木金太郎が韓国ソウルでマーク・ルーインを破りWWA世界ヘビー級王者になったため、それまで吉村道明と共に保持していたアジアタッグ王座を返上し、吉村は新しく猪木をパートナーに指名した（マスコミに対しては、大木がWWA王座奪取後にソウルで交通事故に遭って軽傷を負い、26日のアジアタッグ防衛戦には間に合わないと発表したが、実は事故などは発生しておらず、ソウルからロスに渡ってWWA王者として常時試合に出る必要が生じたためのエクスキューズ）。日本プロレスに復帰したばかりの猪木にとっては願ってもない早い時期でのビッグ・チャンス到来で、この好機を逃すと日本プロレスにおける地位が危なくなる危険性も孕む、極めて重要な一戦となった。

王座決定戦の相手にはワルドー・V・エリックとアイク・アーキンスが選ばれたが、34歳と全盛期にあったワルドーに比べると48歳のアーキンスはスタミナ不足が明らかで（翌１９６８年に、試

猪木&吉村は5・26札幌でアジアタッグ奪取

合後の心臓麻痺で急死）、猪木、吉村組はアーキンスに的を絞り2対0で完勝、見事にアジアタッグ新王者となった（1本目は日本組が反則勝ち、2本目はアーキンスにフロント・ヘッドロックを決められた吉村が、自ら体を反転しながらジャンプし、空中でアーキンスの頭部を体全体で押しつぶす形となる〝丸藤正道の不知火の原型〟ともいえるような逆転技でフォール勝ち）。

日本プロレス復帰からわずか3週間でのタイトル獲得には、幹部の中に「いくらなんでも、ちょっと早すぎではないか？　猪木はつい最近まで、ライバル団体のエースだった人間だぜ」と主張する輩もいて、吉村の新パートナーには、約10カ月のアメリカ短期遠征（1回目）から帰国したばかりのグレート・イトウ（上田馬之助）を推す声もあったが、ここは猪木が実力で「アンチ猪木グループ」を押し切った形となった。

翌27日の札幌中島（2日目）では、猪木はセミファイナルでワルドーと一騎打ち。ワルドーが最初から場外乱闘を仕掛けたため、わずか1分12秒で両者リングアウトの裁定が下る。このあとのメインイベントは馬場のインターナショナル王座にフリッツ・V・エリックが挑む大一番だったので、セミの興奮が残る猪木とワルドーはそれぞれ（馬場とフリッツの）セコンドについて、「お前が乱入するなら、俺も黙ってはいないぜ！」とばかり、対角線のポスト下で睨みあいの構図を形成した。1本目はエリックがトーキックとニードロップで11分42秒、体固めで先制。2本目はエリックがアイアンクローを決めたが馬場が辛うじてロープに逃げ、それでもブレイクしなかったエリックが4分0秒に反則負けを取られた。1対1のタイスコアとなったが、馬場は一方的な劣勢で王座が風前の灯。3本目は沖レフェリーがセコンドのワルドーに気を取られている隙をついて、エプロンに駆け上がった猪木が馬場の背中を思い切りプッシュ（エリックが馬場をボディスラムに抱えあげた瞬間のトリックプレー）。7分25秒に馬場が体固めで決勝フォールを奪い、タイトル防衛に成功した。

当然、フリッツとワルドーは猛烈な抗議に出たが判定は覆ることなく、結果的に「猪木の咄嗟の機転で馬場が勝った」グダグダ決着。1980年代の新日本プロレスだと、かなりの確率で〝暴動〟が起こるであろうパターンだったが、当時はまだ「手段はどうあれ、馬場が強敵のエリックからスリーカウントを奪って防衛した。日本人が勝った。めでたし、めでたし」という風潮が強く、猪木のインターフェア（乱入）が糾弾されることはなかった（翌日のスポーツ新聞を4紙、チェックしたが、意外にも猪木へのお咎めはナシ）。この一戦で、「猪木は馬場のピンチを救う、忠実な弟分」という評価が決定的となり、大木金太郎が不在の中、巧みに「馬場に次ぐナンバーツー」のポジションを掌中にした。

ゴールデン・シリーズ

猪木が2本連続でコブラツイストを決めた珍しい試合

前日（5月27日）を最後にフリッツ・V・エリック、ワルドー・V・エリックの2人が帰国し、アイク・アーキンス、リップ・ホーク、スエード・ハンセンの3人が残留。これにドン・レオ・ジョナサン、ディック・スタインボーン、ダッチ・サベージの3人が合流して、28日から「ゴールデン・シリーズ」が開幕した（ジョナサンは6月25日まで。そのあと7月8日・蔵前国技館の最終戦まではダラ・シン、サー・ダラ・シンの兄弟が特別参加）。いわゆる「員数合わせガイジン」と呼ばれていた弱いレスラーが一人もいない粒の揃ったシリーズで、復帰後3シリーズ目となった猪木にとっては「相手に不足のない」感のある充実したサーキットとなった。

エースのジョナサンが開幕戦（28日の北海道・滝川大会）の6人タッグで左ヒザを負傷（30日の北海道・釧路大会を欠場）したため、馬場のインターナショナル選手権への挑戦も立ち消えとなり、連日メインの6人タッグでお茶を濁すような試合に終始せざるを得なかった。そのために実質的にシリーズの中軸となって活躍したのはリップ・ホーク、スエード・ハンセン、ディック・スタインボーンの3人で、猪木もこの3人との間で好勝負を何度も展開している。ホークとハンセンは「泥棒コンビ」の異名（というか、日本のマスコミが適当につけたものだが）を取ったタッグ専門の輩で、ジム・クロケット（シニア）が牛耳っていたミッド・アトランティック地区を代表する名コンビだった。猪木とのシングル戦でもホークとは1対1から両者リングアウト（5月30日、釧路大会）、

〝泥棒コンビ〟のホークとハンセンは猪木を苦しめた実力者だった（写真は5・30釧路の対ホーク）

6・20奈良の対ハンセン

ハンセンとも両者リングアウト（6月22日、徳島大会）と半端ない実力者ぶりを証明。共にネックブリーカー・ドロップを切り札にしており、シリーズ中に何度も猪木からスリーカウントを奪っている。ハンセンのネックブリーカーは今のレスラーもやる〝普通の〟落とし方だが、ホークのそれは独特で、相手の首を捻り落としたあと、そのままの態勢で「自分だけ」両肩を挙げて相手からフォールを取るという、極めて独特なものだった。ホークはマスコミに対して「相手をキャンバスに叩き落としたあと、一旦相手から離れて、また改めてカバーすると時間が無駄だろう？　それを改善して、落とした瞬間から最初のカウントに入れるようにした」と語っていたが、その当時の動画が残っていないのは残念だ。

33歳と全盛期にあったスタインボーンは同タイプの猪木を猛烈にライバル視し、シリー

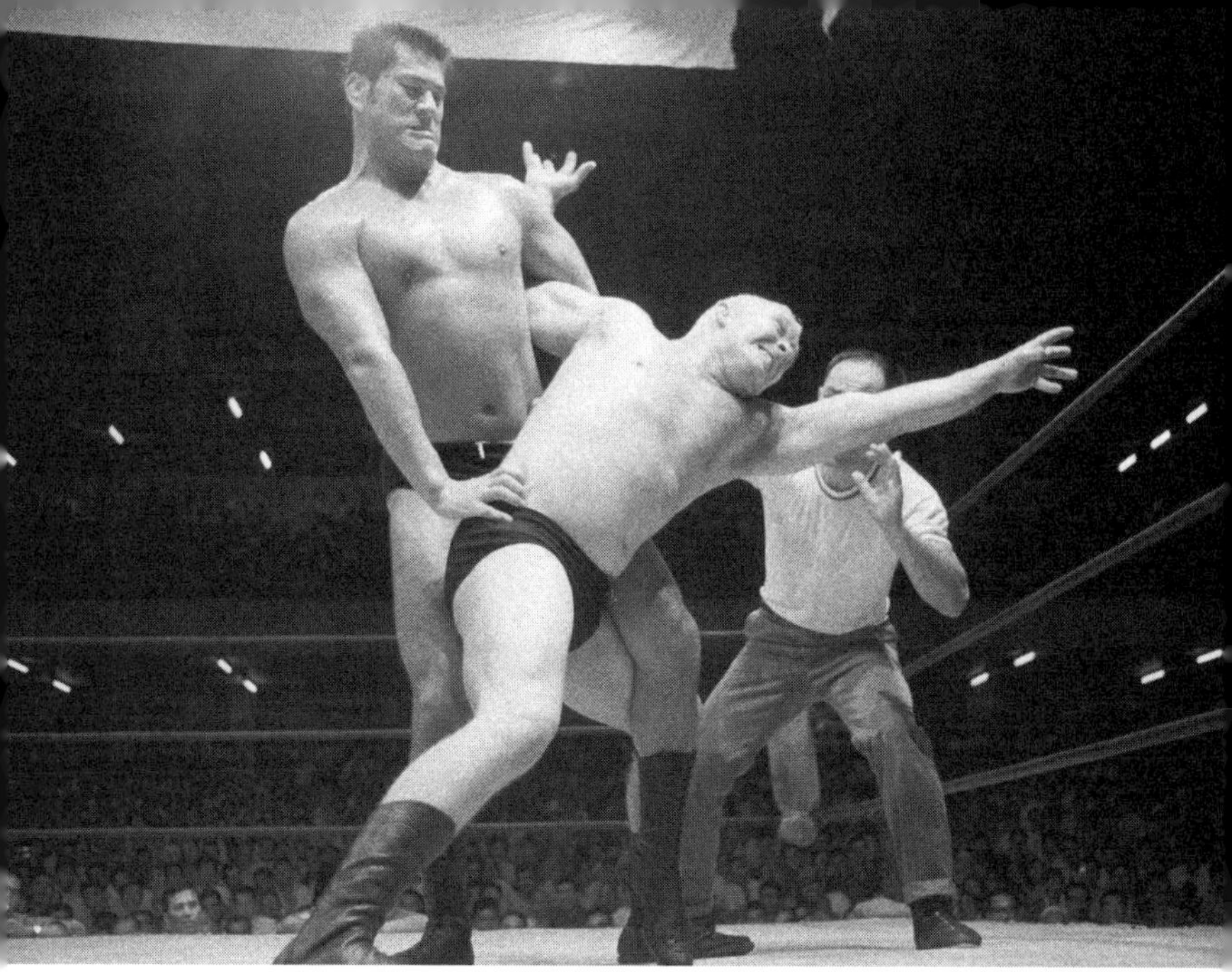

スタインボーンを2本目、3本目立て続けにコブラツイストで仕留めた（7・8蔵前）

ズ中に2回のシングルマッチで激突。初対決となった6月19日の犬山大会ではセミの45分3本勝負で対戦し、1本目を猪木がアントニオ・ドライバーから片エビ固めでフォールして先制（34分56秒）、そのまま2本目が時間切れとなり、猪木が1対0で辛勝。スタインボーンからの申し入れにより最終戦の蔵前国技館（7月8日）でも45分3本勝負（セミ）で再戦が組まれ、このときは1本目をスタインボーンが逆さ押さえ込みで先制（15分53秒）。2本目を猪木がコブラツイストで返し1対1（6分11秒）。さらに3本目もコブラで取って（6分56秒）2対1で快勝したが、試合中にコブラを仕掛けてきたスタインボーンに対して激怒した猪木が「2本連続でコブラを決めた」珍しい試合として特筆される。メインのインタータッグ戦（馬場、吉村の王者組にシン兄弟が挑んだ一戦。2対1で馬場組が勝利し王座防衛）がかなり低調な内容だったため、この夜は猪木とスタインボーンの試合が内容的に「事実上のメイン」になった。スタインボーンは当時の東京スポーツに「地元ジョージア州では〃オクトパス〃と呼ばれる独特の固め技を切り札にしている」と書かれているが、実際にアメリカの専門誌にもその写真は紹介されていた。このシリーズで猪木相手に仕掛けていたら、翌年の11月から始まった「卍固め伝説」に微妙な影響を与えたことは必至だったろうと思われるが、このシリーズではコブラツイストは出したものの、オクトパスを出すことはなく終わっている。

若獅子猪木は八分の力

〃遠慮するな〃 ファンから抗議も殺到

冗談じゃない「俺は真剣にしてるよ」

返り新参のA・猪木は日プロのマットで大暴れ。だが、いま一つ本来の実力を出しきっていないといわれる

猪木の殺しワザは日本人ばなれしているといわれる。飛びげりもその一つだ

日プロ復帰後の猪木のファイトぶりに不満をぶつけた新聞記事（6月3日付「日刊観光」）

吉村とのコンビで保持していたアジアタッグの防衛戦は2度行われた。1度目は6月25日（愛媛県民館）で、ホーク、ハンセン組を相手に2対1防衛（1本目は猪木がホークからコブラツイストで先制。2本目はハンセンが吉村を体固め。3本目は吉村がホークを逆さ押さえ込みでフォール）。2度目は7月6日の大阪府立体育館で、D・スタインボーン、D・サベージ組を相手に2対1防衛（1本目はスタインボーンが吉村を片エビ固め。2本目は吉村がサベージを片エビ固め。3本目は猪木がスタインボーンからコブラツイストでギブアップ奪取）。猪木、吉村組によるアジアタッグの防衛戦はこのあとの2シリーズでは開催されておらず、9月29日の札幌大会まで「ひと休み」となった。

サマー・シリーズ

北沢、永源、柴田ら「東京プロの残党」が猪木の元に再結集

既に国際プロレスが7月下旬から「パイオニア・サマー・シリーズ」の開催を発表していたので、この時期から日本マット界は本格的な「2団体（日本プロレス&国際プロレス）時代」に突入した（1972年3月6日、猪木が新日本プロレスを旗揚げするまでが2団体時代）。1月31日をもって「空中分解」した東京プロレスの所属レスラーたちのほとんどは吉原功社長（国際）が引き取ったが、北沢幹之（魁勝司）と永源遙の二人は猪木復帰とほぼ同時に日本プロレスに参加した（北沢は古巣に復帰。東京プロレスでデビューした永源にとっては新天地に移籍した形）。7月に入って

から「唯一、浪人中だった」柴田勝久が猪木の推薦で日本プロレスに入団し、これで「東京プロレスの残党」と呼ばれるレスラーはいなくなった（斎藤昌典〈マサ斎藤〉は渡米のためビザ待ち。翌1968年4月にビザが下りて渡米）。柴田、永源は7月21日の開幕戦（後楽園ホールのセミ。猪木、吉村対アントニオ・プグリシー、アート・マハリック）から猪木のセコンドにつき、前座戦線でも徐々に存在感を表してくる。

この「サマー・シリーズ」は7月21日から8月16日まで開催され、終盤の2戦（8月10日の田園コロシアムと14日の大阪球場）のみにNWA世界ヘビー級王者のジン・キニスキーが特別参加（馬場とインターナショナル王座をかけて2連戦）した。NWA世界王者が来日して猪木が挑戦できるのは2年後（1969年）の12月（ドリー・ファンク・ジュニアの初来日）まで待たねばならなかったが、この1967年夏の段階では時期尚早、あらゆる面で無理があった。シリーズ全戦に参加したのはジェス・オルテガ、アントニオ・プグリシー、アート・マハリック、カテリーナ・ドレイク、タンク・モーガンの5人だったが、猪木と互角に戦ったのはプグリシー。同じ「アントニオ」を冠するリングネームだったせいもあったかもしれないが、当時WWWFで「ブルーノ・サンマルチノの従弟」というふれこみで売り出し中だったプグリシーは猪木に敵意を剥き出しにし、シングル戦（8月6日、岐阜・飛騨高山体育館）でも1対1から両者リングアウトで引き分けに持ち込んでいる。馬場は9月1日（後楽園ホール）にシングルで対戦し2対1で勝っているので、この時期はまだ「馬場のほうが猪木よりも格上」というのが、共通して対戦したガイジンとの成績で比較可能だった。このプグリシーあたりは、その典型例だったと言えるだろう。

猪木の東京プロレスに参加した永源、柴田勝久も日プロに復帰し、再び猪木の元に（写真は7・21後楽園、この日から猪木のセコンドに付いた2人）

第2次サマー・シリーズ

猪木と全く互角に張り合った外国人

オルテガとプグリシーが残留し、新たにチーフ・ホワイト・ウルフ、トニー・アルチモア、レイ・バーンズの3人が加わって、8月25日から9月10日まで短期間の「第2次サマー・シリーズ」が開催された。前のシリーズの最終戦が8月16日だから、オルテガとプグリシーは東京で8日間の「有給休暇」を得ていたことになる。この時期はシリーズとシリーズの間隔が短かく、珍しいケースでなかったとはいえ、やはり三菱電機という大スポンサーの庇護のもと、ガイジン・レスラーへのギャラ支払いという点で財政的に余裕があったことを物語っている。1ドルが360円の時代だから大変な経費で、おそらく団体運営経費のトップは間違いなくガイジン・レスラーのギャラだったろう。「残留ガイジン」は（次のシリーズに）合流してくる「新ガイジン」との関係性で新たな側面、本領を見せていたことがあったが、今思い出すとユニークで有効な慣習だったと思う。

この「第2次シリーズ」で傑出した活躍を見せたのがウルフ（当時28歳＝1964年に続き2度目の来日）だった。ウルフはのちに国際プロレス（1969年）にビリー・ホワイト・ウルフ、新日本（1974年）にシーク・オブ・バグダッド、80年代にはAWAでシーク・アドナン・アル・カイセイの名前で活躍した強豪だが、プロ転向前に大学アマレス界で常に上位にいた本格派の実力で、馬場、猪木、大木、吉村、イトウ（上田）らを大いに苦しめた。

猪木とはシングル戦（30分1本）で対戦（8月30日、群馬県富岡市工業団地広場）し両者リング

猪木と対等に渡り合ったウルフ（写真は9・1後楽園）

アウト（18分59秒）。タッグ、6人タッグでも連日のように顔を合わせ互いに2フォールずつ奪うという、全く互角の戦績が残っている。7年後に新日本に招聘されて来たときはピークを過ぎた感があり、猪木との間には大きな実力差ができていた。この67年時の動画（猪木戦）が残っていないのは非常に残念だ。

ダイヤモンド・シリーズ 馬場とのタッグを「BIコンビ」と呼ばれるようになったわけは？

前年の秋の陣は「ハリケーン・シリーズ」というシリーズ名称が用いられたが、シリーズ中にアクシデントが続出したことで「縁起が悪い」と判断した日本プロレス幹部は、この年から新名称のシリーズとした（1970年に「NWAタッグリーグ戦」が開始するまでの3年間使用)。前シリーズから2週間のオフがあり(9月22日開幕)、さすがにこのシリーズには「残留ガイジン」はおらず、フレッシュな8人のガイジンが同じ便で来日した。ビル・ワット、ターザン・タイラー、リッキー・ロメロ、エディ・オーガー(ジャック・ルージョー)、ザ・ラシアン(スタン・プラスキー)、レッド・マクナーティ(イワン・コロフ)、アート・ネルソン、キンジ渋谷の8人だったが、ラシアン以外の7人が初来日で、日本陣営に参加した日系の大物、キンジ渋谷の初来日も大いに話題になった。

私は1995年から98年にかけてサンフランシスコに住んでいた時期があり、その時分には毎週のように渋谷の家(郊外のヘイワード在住)で昔話を聞く機会を得た。この時の来日について、渋谷(1921年、ユタ州に生まれ、幼少期からはハワイ育ち。2010年没)は以下のように述懐していた。

「私は父が福島、母が新潟生まれの日系二世だったが、それまでに一度も日本に行く機会がなかった。初めて行ったのは、ロスで日本プロレスのブッカー(外国人招聘係)をやっていたミスター・モトさんのブッキングだったが、日本にオポジション(国際プロレス)が出来たことで、そちらに参加しないための懐柔策というニュアンスがあったと思う。オポジションのほうから直接声をかけられたことはない。日本では毎日、馬場、猪木、吉村らと同じ控室で、皆にとても親切にしてもらったので、楽しいサーキットが出来た。同じツアーでは、寂しがりやのターザン・タイラーが毎晩ホテルの部屋に訪ねてきて、酒を一緒に飲もうと誘うので困ったが、根は悪くない男だから時々相手をしてやった。ビル・ワッツ(ワット)はサンフランシスコで何度も同じカードに出ていたことで

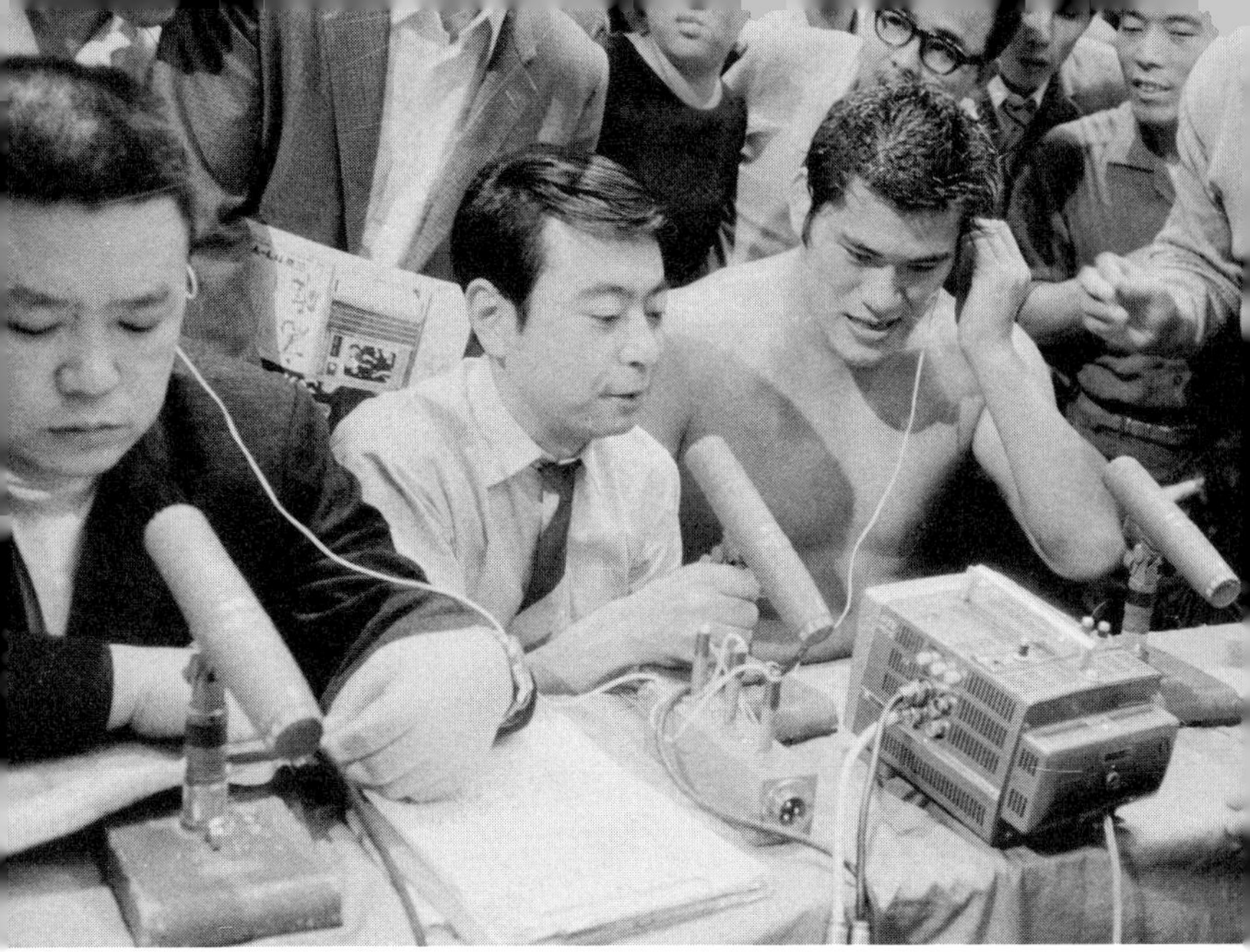

9・22大田区大会のテレビ解説を務める東京スポーツの山田隆氏（左）。この日からプロレスマスコミが実況に加わった

よく知っていたが、余り性格の良い奴ではないから、日常会話以外の話は一回もしなかった」

開幕戦（9月22日・金曜日）の大田区体育館は8時からの生中継だったが、この日から放送席の解説者として東京スポーツ新聞の山田隆が起用された。このあと1970年代になると同じく東京スポーツの櫻井康雄、門馬忠雄も各民放（NET〈テレビ朝日〉、東京12チャンネル〈テレビ東京〉）のプロレス中継で解説を任されたが、その記念すべき「トースポ解説」スタートが、この大田区体育館だったわけだ。猪木が復帰した5月以降は「団体内部の身内」である芳の里や吉村が解説者になることが多く（猪木も8月の大阪球場、馬場・キニスキー戦で解説）、ここでプロレス報道のトップを独走していた東京スポーツを起用したことは、以降のプロレス団体とマス

タイラー&ロメロ組を相手に角材
を振り回す猪木（10・23福岡）

コミのパワー・バランスという観点からも非常に大きなインパクトをもたらしたと思う。

このシリーズ中、馬場はアート・ネルソン（アメリカではアート・ニールソンと発音）とターザン・タイラーを相手に2度（9月30日の札幌中島と11月1日の蔵前）のインターナショナル選手権防衛に成功。猪木、吉村のアジアタッグ王者コンビもリッキー・ロメロ、ターザン・タイラーを相手に3度目の防衛に成功（9月29日の札幌中島）したが、馬場、吉村が保持していたインターナショナルタッグ王座はワット、タイラーの強力コンビに奪取され（10月6日の福島県営体育館）、11カ月保持した虎の子の王座から転落を余儀なくされた（それまで6度の防衛に成功）。3本目にワットのオクラホマ・スタンピードでフォールされろっ骨を痛めた吉村は、リターンマッチの権利を放棄し、馬場のパートナーとして猪木を指名した。これを芳の里代表も認めたことで、10月31日の大阪府立体育館では、王者チームのワット、タイラー組に馬場、猪木の最強コンビが挑む大一番が組まれた。

余談だがこの年のスポーツ新聞を1月からチェックしていたところ、馬場、吉村組を「ＢＹコンビ」と書いていた新聞が幾つかあった。従って馬場と猪木が「ＢＩコンビ」と呼ばれたのは、単にその流れを汲んだ呼称だったとも推測できる。古くは１９６４年から65年にかけ、豊登、馬場のアジアタッグ王者コンビは「ＴＢコンビ」と呼ばれており（スポーツ新聞や専門誌で）、これが「名前のアルファベット最初の文字を合体させた」ルーツだったように思う。

大阪のインタータッグは1本目がガイジン組の暴走でＢＩ砲が反則勝ち。２本目に馬場がタイラーのニードロップでフォールされタイとされたが、３本目は馬場がワットをフォールし、２対１

タイラー&ワットを下した馬場&猪木はインタータッグ王座初戴冠。「BI砲」時代が幕を開けた（10・31大阪府立）

でBI砲が新王者となった。これでアジアタッグとあわせ二冠王になった猪木は着実に馬場との差を縮めた形になった。ここから、1971年12月7日、札幌でドリーとテリーのファンク兄弟に敗れて王座転落するまで、4年間の長い「無敵のインタータッグ王者コンビ、BI砲の時代」が遂に幕を開けた。

シリーズオフ

日本プロレス道場開き、ゴッチが専任コーチとして就任

「ウィンター・シリーズ」（11月10日開幕）についてはこのあと書くが、シリーズ中のオフ、11月18日に行われた「道場開き」と、カール・ゴッチの専任コーチ就任について詳しく書き留めておきたい。これは現在に至る日本マットの趨勢に極めて甚大な影響を及ぼした

〝事件〟であり、年間のワンシリーズに匹敵する、あるいはその倍くらいの記述が必要だろう。当時の『スポーツタイムズ』（11月20日付）の記事を引用する

日本プロレスは11月18日の午後3時から、平井義一会長、芳の里、猪木、大木、吉村ら全選手（アメリカ遠征中の馬場は欠席）と関係者が集合して盛大な「ジム開き」を行った。場所は渋谷区大和田町の「エムパイヤ・ビル」地下一階。このジムは力道山ゆかりの「リキパレス」を昨年買い取った近畿観光KK（小浪社長）から「力道山ゆかりのエムパイヤ・ビルに、なんらかの形でプロレスの灯を残したい。地下以外はキャバレー、サウナ風呂として10月から営業を開始していたが、地下は物置として放置されていたので、余りにも勿体ないと思った。なので、旧練習場だったここを改装して、改めてレスラーの練習場として使ってほしいと考えた」と快い申し出があり、日本プロレス協会、日本プロレス興行とも幸いとばかり借り受けることにしたもの。日本プロレス協会がリキパレスから現在の北青山に事務所を移転して以来、青山レスリング会館、国立競技場室内練習場を間借りして練習していた選手の手に、初めて本格的な練習道場が戻ったわけだ。開所式にはレスラーや関係者全員が集合の上、神式のお祓いのあとビールで乾杯しながら喜び合っていた。去る9日に来日した〝鉄腕騎士〟カール・ゴッチが選任コーチとして任命され、若手の高千穂、北沢、藤井を相手に妙技を披露。そのあとはアントニオ猪木が出てきて、柔軟体操、ブリッジの要領、筋力、腕力の鍛錬法などを懇切丁寧に指導。猪木は「ゴッチのアドバイ

スを受けると、魔法にかかったようにピョンとできる。最高のコーチが来てくれましたよ」と絶賛する。これを見ていた芳の里、沖識名も嬉しそうにこの光景を眺めていた。沖は「天井が明るいブルーに塗られたし、マット、ロープコーナーポストも新調されたから、薄暗かった以前に比べて見違えるほどだね」と喜ぶ。馬場や猪木を入門から育ててきた沖にすると、ゴッチという新たなコーチにバトンを渡す感慨もあるのだろう。

11月10日付（9日夕方発売）の東京スポーツ一面には、前日（8日）に羽田空港に来日した「ウィンター・シリーズ」参加4選手が大きく報じられているが、同じ日航機でゴッチも来日している（エラ夫人は12月下旬に合流）。その記事には、「〝レスリングの神様〟ゴッチが」という記述がある。さらに11月19日付の3面にも「18日には道場開きが行われ、〝レスリングの神様〟カール・ゴッチによる練習風景の披露も行われる」とあり、おそらくゴッチが〝神様〟と称されたのは、ここが最初だったようだ。ただし１９７１年に現役にカムバックして国際プロレスに来日したときは、パンフレットや新聞広告には主として「無冠の帝王」という呼称が使用されており（たまに〝神様〟もあったが）、本格的に「神様に統一」されたのは１９７２年3月、新日本の旗揚げからだった、と書いていいと思う。

トロン・リボン

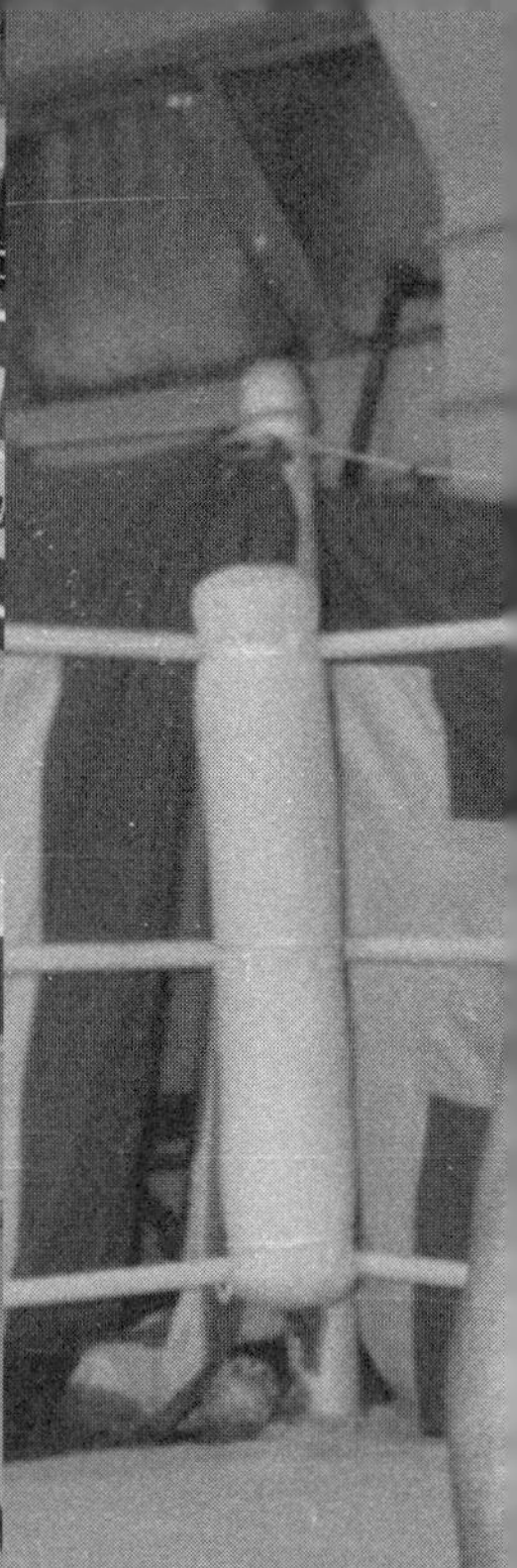

11月18日、渋谷で日プロのジム開き。公開練習で猪木は専任コーチのゴッチとトレーニングを披露

ウィンター・シリーズ

ゴッチの指導を受けて、メキメキと成長。世田谷区野毛に住み始める

11月10日から12月16日までの5週間、年間最後の「ウィンター・シリーズ」が開催された。開幕から最終戦までフルに出場したのはビクター・リベラ、ジャック・ブリスコ、スプートニク・モンロー、ニック・コザックの4人（いずれも初来日）で、中盤の12月1日から6日まではクラッシャー・リソワスキー、バロン・シクルナ（これも共に初来日）が特別参加。シリーズの山場は12月6日の東京体育館で、ここで馬場対クラッシャーによるインターナショナル選手権試合が行われている（馬場が2対1で防衛、3本目は反則勝ちで、翌週に1月3日の再戦が決定）。

馬場はシリーズ開幕戦から11月30日までロサンゼルス地区遠征のため欠場。必然的に猪木が日本陣営のエースとしてシリーズを牽引する役割を負わされた。開幕戦（11月10日、後楽園ホール＝10時15分からのディレイ放送）ではメインでビクター・リベラとシングルの60分3本勝負で対戦し、2対1で勝利をおさめたが3本目は場外でコブラツイストを仕掛け、20カウントギリギリで（自ら）ほどいてリングアウト勝ちと、今一つピリッとこない辛勝に終わる。リベラとの試合は2本目をドロップキック2連発でタイスコアとし、このあたりからドロップキックがフィニッシュとなるケースも散見してきた。11月24日のニック・コザック戦（香川県高松市中央体育館）もメインで60分3本勝負だったが、ここでは1本目をネックブリーカー・ドロップ（10分53

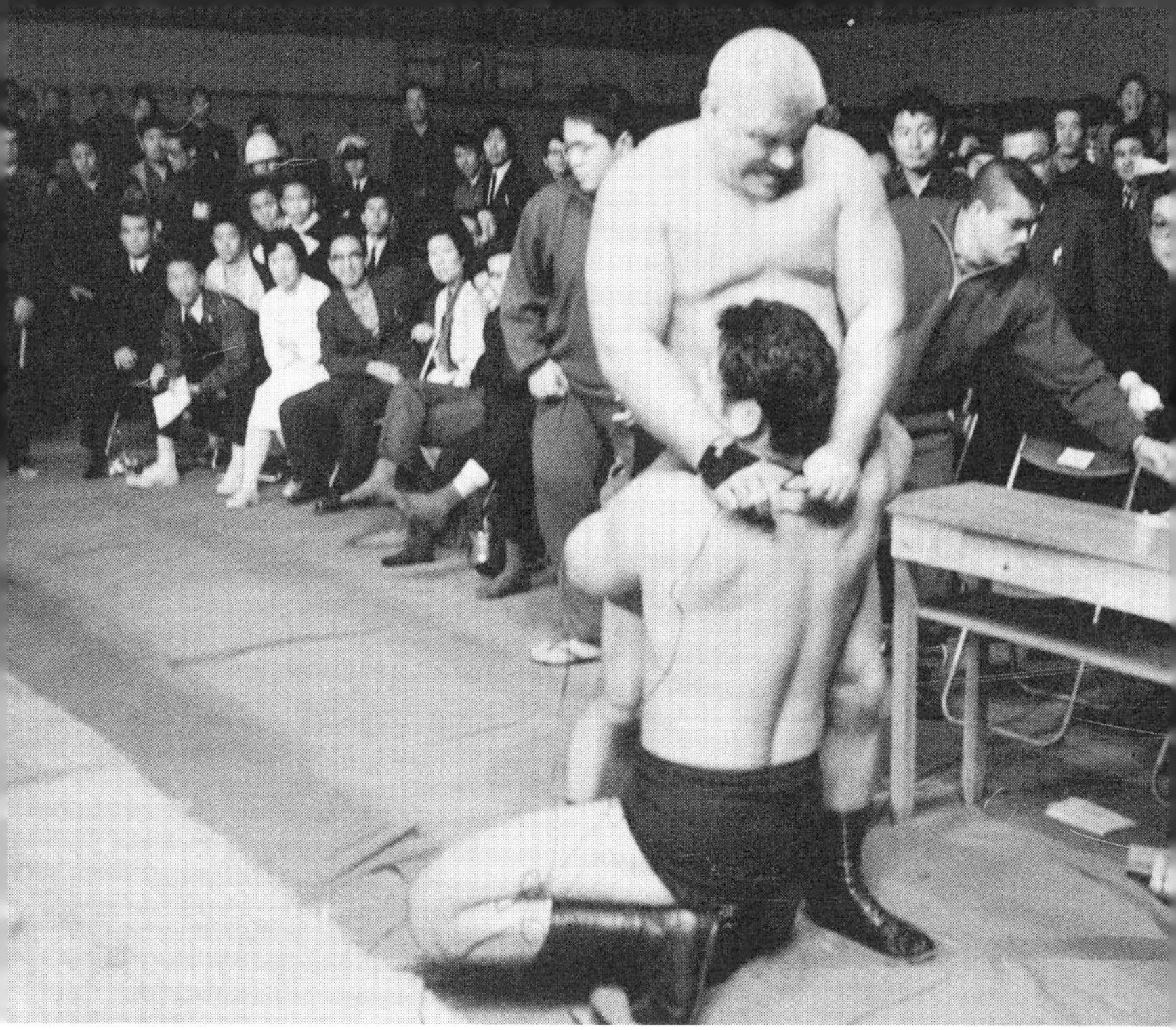
クラッシャーが初来日。第1戦でBI砲を圧倒した（12・1高崎）

秒）、2本目をコブラツイスト（4分54秒）で連取しストレート勝ち。3本勝負が増えてきたことから、若手時代に切り札としていたネックブリーカー・ドロップがこのあたりで復活しており、ドロップキック連発、アントニオ・ドライバー（東京プロレス時代に開発したフロント・ネックチャンスリー・ドロップ。まだブレーンバスターの形で投げる改良型のケースは少なかった）と並び、「コブラツイストに次ぐフィニッシュ技」として使用していた。猪木のネックブリーカーは今から5年ほど前にCSの「ジータス」で放送された1969年3月のタッグ（猪木、吉村対ネルソン・ロイヤル、ポール・ジョーンズ）の試合の動画が残っているが（このときはフィニッシュ技

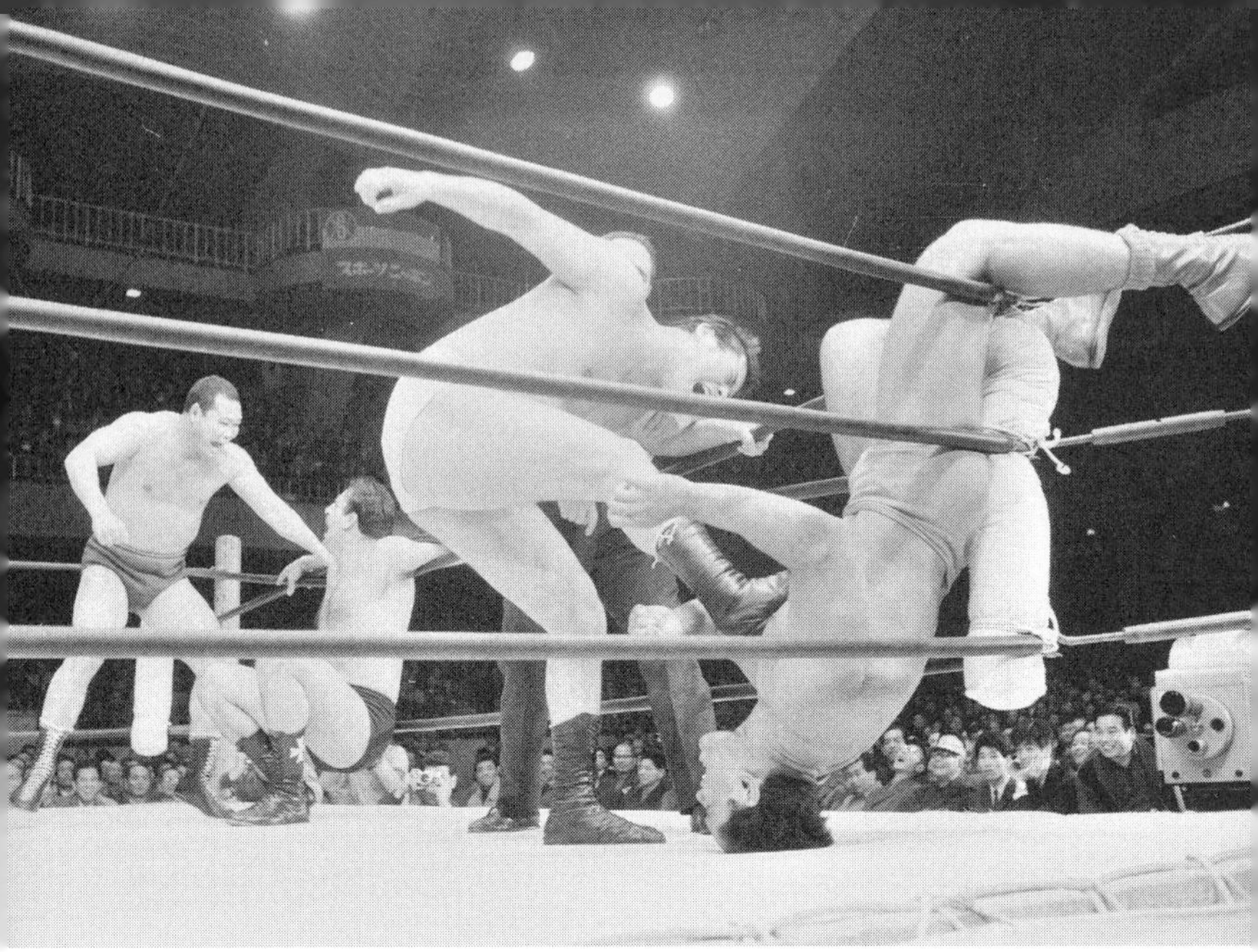

12・6東京体育館の猪木&吉村 vsリベラ&シクルナは、現存している猪木の最古の試合映像（日本テレビの日プロ中継）

ではない）、馬場がやっていたような「ブラッシー式、アトミック式」の美しい「弧を描くような」落とし方ではなく、むしろ後年のビル・ロビンソンがやっていた「ショルダー・ネックブリーカー」に近い。相手の首を捻って仰向けの状態で（自分の）右肩に（相手の）首を置き、そのまま「ストーン」という感じで落とすスタイルなので、馬場のそれよりも落差が大きかった。ニック・コザックのような175センチ前後の小兵に対しては、まだ問題なくスリーカウントの取れる大技として通用していた。12月2日のスプートニク・モンロー戦（栃木県体育館、セミの30分1本勝負）のフィニッシュもこれだった。

12月1日からはクラッシャーとシクルナが出場。第1戦の群馬・高崎市体育館（夜8時から生中継）ではロス遠征から帰国した馬場と猪木が組んでクラッシャー、シクルナ組とた。それも日本組コーナー近くなので、さっきのお返しとばかり吉村、大木はタッチできる範囲内でも沖の目を盗んでワザとノータッチ攻撃。これをみたコザックが怒り狂うが、ファンの嘲笑を買うだけ。

さあ絶対のチャンス。相当痛めつけておいたコザックに集中攻撃。吉村が自コーナーへ引っ張り込めば、大木は逆水平打ちから「キェーッ」と奇声をあげて、原爆頭突き一発。あっさりのばした。

よかったが、ずる賢いモンローに目を突かれてひっくり返った。吉村もボデースラムからモンローのニードロップを食ってアップアップ。

◇…攻守ところを変えたのは吉村の奮闘から、大木がたっぷり可愛がっておいたモンローを捕まえ飛竜一せいのドロップキック。"グワーン"と命中すれば宇宙人はすっとんだ。これへかぶさり、逆片エビをゆっくりかけたがもう動けなかった。これで日本組は"冬の陣"最終戦を飾った。

▽セミファイナル30分一本勝負
猪木（12分24秒コブラツイスト）J・ブリスコ

◇…ブリスコはオクラホマ州立大学当時はアマレスの全米代表選手。最終戦とあって猪木にアマレス式の技術合戦を挑んだ。バックへバック、へと回り、レッグロック、アームロックでフォールをねらう。

猪木もラフファイトだけではない。最近、ゴッチ殺人教室へ入門してテクニックに磨きをかけているところだ。ブリスコの誘いに敢然と応じ、寝ワザが続く。

◇…5分間、延々と応酬されるワザに、じっとみていた観衆。やはり派手なところがみたいらしく「猪木、豪快にやらんか」と催促の声。

これを契機にリング上は「バシン、バシン」と音が立ち始めた。ブリスコのエルボースマッシュ、猪木のストレート。そして鮮かな猪木のフィニッシュホールドがくり出された。

スタンピングで腰をしたたか打ちすえ、ロープへとばしてバックドロップ。ようようと立ちあがるのへフワーッと巻きつき電撃コブラツイストの急襲。メリメリと音を立てる背骨の痛さにコザックたまらず、中央でギブアップした。

若手精鋭陣情報

「バトルロイヤルに、久しぶりに安達、柴田の若手が出た。二人はこのところゴッチ教室でトレーニングばかり。教室では「二人とも素質はじゅうぶん。大成する」とゴッチから太鼓判を押されていても、実際リングへあげてもらえないので腕をなせていたものだ。10人出場のバトルだったが、特訓

猪木雪辱のコブラ地獄でブリスコKO。

大木金太郎、この夜はアッと驚か「落着をつけるためにロープを使

12・16足立区体育館におけるブリスコとのシングル対決を報じる記事（18日付「スポーツタイムズ」）

対戦した（ノンタイトル）が、なんとBI砲がストレート負け。1本目はシクルナが猪木を横抱きにしてクラッシャーの膝に何度も背中を叩きつけ、クラッシャーがニードロップをフォローして猪木を体固め（7分32秒）。2本目はクラッシャーが右手の拳に巻いた黒いメリケンサックで馬場を殴打し、4分14秒に体固め。BIコンビがストレート負けしたのはこれが唯一の記録だが、BI砲が完全に「噛ませ犬」となってクラッシャーの凄みが最大限にアピールされた一戦だった。

12月6日、東京体育館の一戦（馬場・クラッシャー戦のセミファイナル）は猪木、吉村対リベラ、シクルナのタッグマッチ（45分3本勝負）だったが、この試合は日本テレビのアーカイブに残っており、20年ほど前にソフトとして販売されたり、近年も「ジータス」で放送されたので、御覧になった読者も多いと思う。猪木の試合動画としては最古のフィルムで、アナウンサーの清水一郎が再三「アントニオ猪木」ではなく「猪木寛至!」と呼称するのが印象的な試合である。まだまだ試合の各所でぎこちない動きをすることもあり、24歳の若さ、パワーを全面に押し出した「若獅子」時代の雰囲気がよくわかる。

シリーズ最終戦（12月16日、足立区体育館）ではセミでジャック・ブリスコと対戦し、コブラツイストでギブアップ勝ち（12分24秒）。2年前にプロ転向したばかりのブリスコとは実力の差があったとはいえ、この4年後（1971年）にUN王座を賭けて対戦した時点では完全な互角に成長していたことを考えると、ブリスコの急速な実力アップには驚かされる。

このあと年末にかけて猪木は連日「エムパイヤ・ビル」に通い、他の若

12月14日、ジムでゴッチにクルック・ヘッドシザースを教わる猪木

手レスラーに交じってゴッチのコーチを積極的に受けた。既にエースの位置にあった猪木が、マスコミがいる場合でもゴッチの指導を素直に受けていたことは、のちの新日本時代を思い返すと極めて重要な時期だったように思う。12月26日には青山の日本プロレス事務所前で「餅つき」が行われ、ゴッチがエラ夫人を同伴し、猪木がコネ役にまわり、ゴッチがキネを担ぎあげる有名な写真が残っている。このあたりにも猪木・ゴッチの親密な関係が象徴されていたが、ここから卍固めを開発する翌年12月あたりまでが、「猪木がゴッチのコーチを受けて成長した1年」と総括できるだろう。

猪木は12月8日にアジアタッグを返上した。表向きには「インタータッグに専念」ということだったが、実際は（その時点で）無冠になっていた大木にもベルトを巻かせたいとする日本プロレス幹部の意向に沿ったものであり、猪木にとっては不本意な返上だったであろう。その他の珍しいエピソードとしては、12月4日の夜11時15分から日本テレビで放送された「ボクシング世界ヘビー級王座統一トーナメント・準決勝」ジミー・エリス対オスカー・ボナベナ戦の解説者として日本テレビのスタジオでヘッドマイクをつけて解説を行っている。「テキサス修行時代にKO・イエーテというプロボクサーあがりのレスラーが一緒のサーキットにいて、その関係からボクサー転向を真剣に交渉された」というエピソードを披露しているが、ここから9年後に自分がモハメッド・アリ戦を迎えるとは夢にも考えていなかっただろう。

なお、当時の猪木の住居については11月12日付の東京スポーツ一面に「猪木特訓」という大きな記事があり（猪木番・櫻井康雄記者）、新シリーズに備えて自宅付近でトレーニングする様子を詳しく報じている。そこでは「猪木の自宅は世田谷区野毛町の静かな住宅街の中にあり、多摩川まで50メートルという、ランニングには最適な環境だ」と書かれているので、このあたりの時期から現在の新日本道場のある場所に住み始めた（歌手の畠山みどりの家を買った、と後日、本人が語る）と思われる。

"出戻り"の猪木は1967年、着々と日プロ内で足場を固めた（写真は7・21後楽園、猪木&吉村 vs マハリック&ブグリシー）

1968年（昭和43年）

〝燃える闘魂〟の片鱗を徐々に発揮し始める

新春チャンピオン・シリーズ
猪木が日プロ幹部に土下座。痛恨の試合欠場を冒す

この年は1月3日、夕方5時半からの日本テレビ「日本プロレス中継」と、7時からのTBS「TWWAプロレス中継」（ここからTBSが国際プロレスを放送開始、有名なルー・テーズ対グレート草津戦）の二本立てからスタートした。正月の3日にプロレス番組が二つもあるのは初めてで、私が完璧にプロレスをフォローするようになったのもこの日からだったが、あの日は私のみならず（やや大袈裟かもしれないが）「国民の関心事」とも言える「世紀のプロレス興行合戦デー」だったと思う。前年の稿にも少し書いたが、10歳の私にとっては、ここから「生活の中心はプロレス」という感じになり、早速3月6日に地元の水戸・茨城県スポーツセンターに来る国際プロレスの興行をどうしても見たいので、両親に小遣いを前借りして前売り券を買った。ナマでプロレスを観戦す

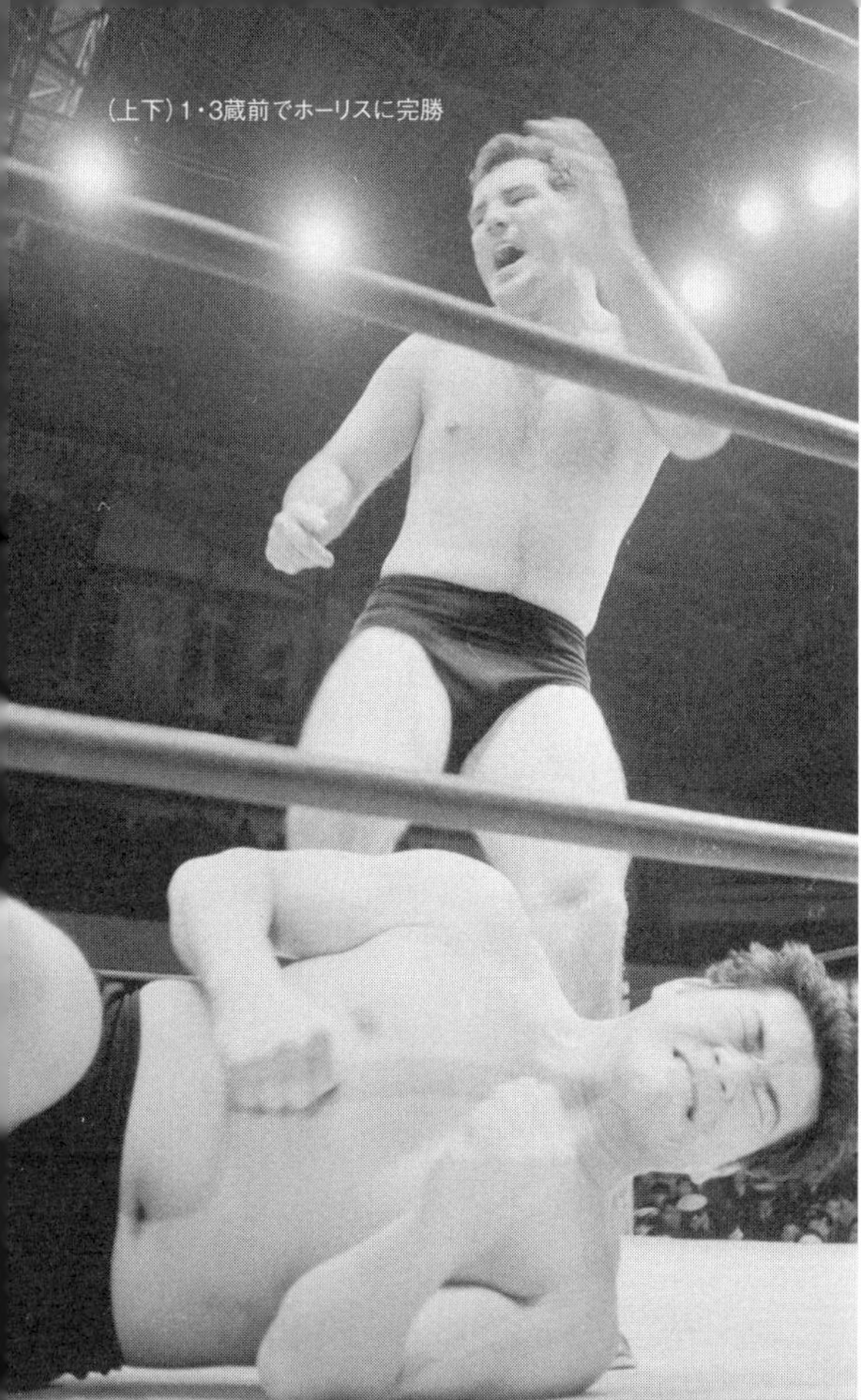
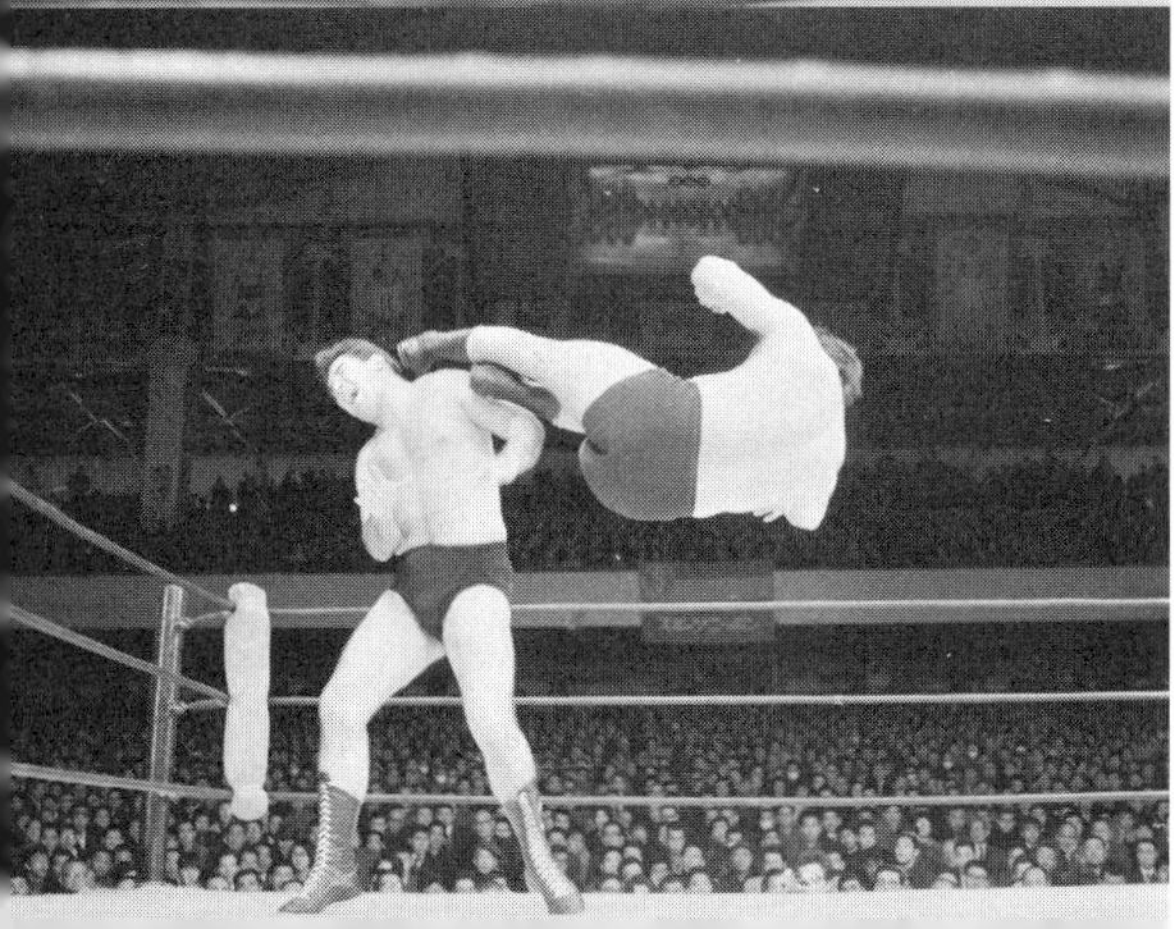
(上下)1・3蔵前でホーリスに完勝

るという経験から、それまでの人生になかった異常な興奮を与えられ、すぐあとの3月27日に創刊した新雑誌『ゴング』を買うことによって、プロレスへの興味は加速度的にアップしていった。ベースボール・マガジン社の『プロレス&ボクシング』を買うようになったのは翌年からで、最初のうちはグラビアが充実していた『ゴング』と『別冊ゴング』のほうに魅力を感じたものだった。

1・3蔵前で自身の試合を終えた猪木は、メインでクラッシャーとインター王座防衛戦を行う馬場のセコンドについた

1月3日の蔵前国技館。猪木はセミファイナル前の30分1本勝負でテキサス武者修行時代のライバル、ケン・ホーリスとシングルで対戦し、11分7秒にコブラツイストで完勝。メインの馬場対クラッシャー・リソワスキー戦では私服姿（上はワイシャツ）でセコンドにつき、クラッシャーの凶器（メリケンサック）にクレームをつけるなど、前年5月の馬場・エリック戦（札幌のインター戦）と同様、「馬場を守る忠実な近衛兵」的な役割で存在感をアピールした。

5日後の1月8日、広島県立体育館はインタータッグの初防衛戦（馬場、猪木対クラッシャー・リソワスキー、ビル・ミラー）。ここで猪木はなんと、「試合欠場」の大チョンボをやらかしてしまう。新年最初の大一番、しかも防衛戦という大舞台を欠場した裏には、一体何があったのか？　これについては諸説あるが、私が２００６年に櫻井康雄氏（１９６８年当時の東京スポーツ猪木番）に聞いた話は以下のようなものだった。

「7日が大阪府立の試合で、このあと猪木は新幹線の最終便で東京の野毛の自宅に戻ったんです。試合前に大阪から電話したときに、自宅にいたダイアナさんが〝今夜帰ってきてくれなければ、自殺する〟みたいなことを口走ったらしい。一種のヒステリーですよ。確かダイアナさんと娘の文子《ふみこ》ちゃんが、野毛に住み始めて間もない頃で、不安だったとは思います。しかし、8日の試合地は広島ですからね。交通機関の発達した今でも、前日に東京に戻ってしまうと、なかなか翌日夕方の広島に間に合わせるのは大変ですよ」

猪木は8日の朝に羽田空港に行き、広島行きの便に乗った。だがこの日の広島は大雪で、猪木の乗った機材は大阪の伊丹空港に緊急着陸。猪木が伊丹空港で待機している間に広島空港の閉鎖が決まり、この日に空路で広島に着くことは不可能となった。慌てた猪木は伊丹から新大阪に移動して鉄道に賭けたが、まだ新幹線は広島に延伸していない。夜6時半の試合開始には全く間に合わず、猪木が広島の選手宿舎に到着したのは10時過ぎだったという。

「私は宿舎の〝吉川荘〟で張り込み、猪木を待っていました。宿舎で、猪木は芳の里、吉村、馬場に会ったときに土下座して謝っていましたね。ウチのカメラマンもいましたが、さすがにそのシーンは撮影していません。ウチと日本プロレスの間には信頼関係がありましたからね」（櫻井）

猪木の欠場となった8日は急遽「インタータッグ王座決定戦」に変更され、馬場のパートナーとして元・王者の吉村道明が起用された。実際は自らが志願したものだが、クラッシャー、ミラーの強豪コンビの壁は厚く、1対1から両軍リングアウトの引き分けに終わる。

「猪木が広島で欠場した代償は大きかったですよ。吉村の決断でなんとか2月3日（大田区体育館）の再戦の出場権利はもらいましたけど、日プロ内部における信頼度は暴落ですよ。看板のタイトルマッチをスカしたのだから、仕方がないですけどね。あの一件から、猪木はダイアナさんとの結婚生活（籍は入れていないので事実婚）は無理だと感じたかもしれないですね。倍賞美津子さんとの付き合いも、あのあたり、あるいは3月にブラジルから帰国したあたりからだったような記憶があります。ブラジルの兄弟が倍賞美津子のサインが欲しいから、会いに行くんだ、なんてことを言ってましたから。微妙に気持ちは揺れていた可能性もあります。あの広島事件のあとは、吉村には足を向けて寝れなくなった感じでしたよ。せっかく馬場との差が縮まってきていたのに、あの一件で、かなり遠くなってしまった。ここから1年くらいは、完全な〝二番目のエース〟に甘んじた感じで

2・3大田区でクラッシャー&ミラーとのインタータッグ王座決定戦に臨む馬場&猪木。ゴッチがセコンドについた

すが、すべてはあの広島のチョンボが原因でした」（櫻井）

　普通であれば大きなペナルティが課せられる局面だが、一方で、猪木を完全に干すと観客動員、視聴率に大きな影響が出る。１月19日の後楽園ホール（金曜日・10時15分からのディレイ中継）ではメインの60分３本勝負に復活してクラッシャーとシングルで対戦し、１対１から両者リングアウトで引き分けている（１本目はクラッシャーがメリケンサックによるパンチで先制し、２本目は猪木がコブラツイストでギブアップ奪取。３本目は場外乱闘で両リン）。このあたりにもマッチメーカーだった吉村の「猪木擁護ムード」が鮮明に出ていたが、１月３日に馬場が大苦戦の末にやっとフォール勝ちでインター防衛に成功した相手だけに、猪木が２フォールを奪取しての完勝には至っ

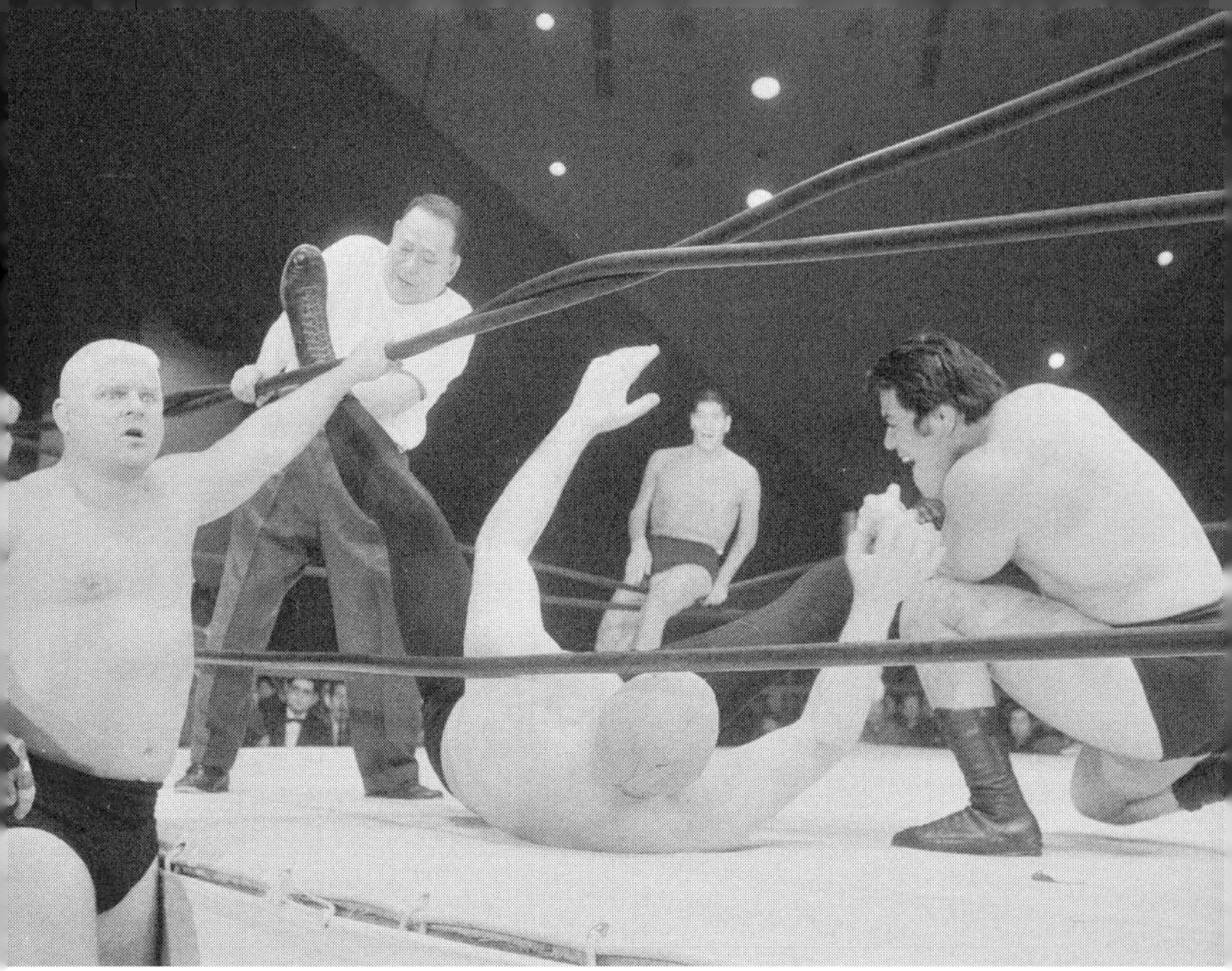

2・3大田区でクラッシャー&ミラーを相手に猪木が躍動

ていない。

2月3日の大田区体育館は超満員の大観衆（5000人）が詰めかけた。翌日発売の『デイリースポーツ』には「切符は6時前にすべて売り切れて、6時半くらいには体育館の外に千人以上のファンが群れをなしていた」とあるから凄い。馬場、猪木対クラッシャー、ミラーのインタータッグ王座決定戦で、1月8日の失地回復とばかり張りきった猪木は、スタートから燃えに燃えた。1本目はクラッシャーが9分53秒、馬場を体固め。2本目は馬場がクラッシャーから1分48秒、体固めで返してタイスコアとし、3本目は額を割られて血ダルマにされた猪木がミラーの黒覆面を引きちぎり素顔をさらし、切り札のコブラツイストでギブアップを奪取（6分24秒）、見事に王座奪還に成功している。この一戦は翌週にノーカットで録画中継されたが、まさに

猪木は試合欠場事件の汚名挽回を期して全力ファイト（2・3大田区）

流血に追い込まれた猪木はミラーの覆面を破り捨てた（2・3大田区）

後年の「燃える闘魂」の原型となったような猪木の一人舞台であり、テレビの前で私は興奮しっぱなしだった。この日に日本テレビ本社で行われた会議で「2月23日の放送から、毎週金曜夜8時はプロレス中継」という重要事項が決定された。従来は「夢の王国ディズニーランド」と「日本プロレス中継」が交互に8時から放送され、前者が8時からのときはプロレスが10時15分（時には10時30分）からの45分枠にシフトされていたが、1月3日からTBSが毎週水曜（7～8時）に国際プロレスを中継し（25％前後の）好視聴率を挙げていたことで、「毎週8時から」は（対抗上）当然の処置と思えた。10歳だった私も10時半開始のときは居眠りしてしまうことがよくあり、毎週8時スタートへの変更は大歓迎だった。

大田区大会翌日の2月4日、クラッシャー、

2・3大田区の猪木は後年の「燃える闘魂」の原型のようなファイトぶりだった

ミラー、カーチス・イヤウケア、リッキー・ハンター、ケン・ホーリス、ジェリー・ロンドンのシリーズ参加メンバーと共に、ゴッチとエラ夫人が羽田発の日航機で帰国した。ゴッチと夫人は3月下旬に改めて来日し、そのあと1年以上、恵比寿の賃貸マンションに長期滞在してコーチ業を再開する。ゴッチは後年「3カ月のトライアル期間に私が挙げた成果が認められた結果、以降も私のコーチングが必要だと判断された。正直、アメリカで試合をするより嬉しかったし、収入もベターだった」と述懐しているが、この年の後半、猪木が（ゴッチから）卍固めを始め多くのテクニックを習得したことを考えると、「ゴッチを再来日させ、長期滞在させる」という芳の里らの決断は、後年の猪木ヒストリーに甚大なインパクトを与えていく。

ダイナミック・シリーズ

レフェリーの猪木に対して馬場がクレーム

2月16日に後楽園ホールで開幕した新シリーズだったが、前日に到着予定だった日航機が関東地区の大雪のために羽田空港に着陸できず1日以上の遅延となり、ハーリー・レイス、バディ・オースチン、テネシー・レベル（マイク・パドーシス）、ディック・マードック、バロン・シクルナの5選手は開幕戦に間に合わなかった。当日は金曜日で10時15分ワクでの最後の放送だったが、日本プロレス協会は「16日の興行は予定通り実施する。ただし、前売り券を買ってくださった方で、ガイジンが出ないことで払い戻しを希望する方には払い戻しをする。その他、当日に来てくれた観客は無料とする。当日の前売り半券を持っている方は、3月8日の後楽園大会は無料で入場できる」というビックリするほどのフォロー策を実施。ここまで手厚いサービスをされて文句が出るはずもなく、大雪騒動はひとまず大事には至っていない。

ガイジン抜きということで、開幕戦の後楽園ではメインに馬場対吉村のシングルマッチ、しかもレフェリーが猪木という異色カードが組まれた。前売り券を購入した方の払い戻しは一枚もなかったそうだが、これで払い戻しが出るわけがない。試合はジャックナイフにきた吉村をクルリと反対に返した馬場が、15分36秒に両ヒザで吉村の両肩をピンしてスリーカウントを奪った。試合中に吉村がロープに逃げた場面で馬場にブレイクを命じた猪木に対し、馬場が「お前は俺のパートナーだろ！」と太い声でクレームし、猪木がこれまた低い声で「今日は違う！」と真面目に答えると、場

馬場 vs吉村のレフェリーを猪木が務めた（2・16後楽園）

1964年、アメリカ武者修行中の猪木はレイスとライバル関係にあった

内からドッという感じで笑い声が起きた。

「日本人同士の大物対決」ヒストリーには全く出てこない一戦だが、この5年後（1973年7月）に国際プロレスでストロング小林対ラッシャー木村（IWA世界ヘビー級選手権）が実現する前の段階の「大物同士対決」というのは、これだったような記憶がある。

レイスら5人は試合のない2月17日、日プロの「エムパイヤ・ジム」で報道陣を相手に公開練習を行った。ここで最も存在感を示したのが初来日のレイスで、オースチン相手にペンデュラム式、マードック相手にシュミット流の背骨折りを軽々と決めて実力をアピールしている。シリーズ前の前評判も一番高く、猪木のアメリカ武者修行時代にカンザス地区でライバル関係にあったことから、馬場よりも猪木との対戦が注目を集めていた。後年、猪木は「私がカンザスでレイスとやったとき

（1964年4月30日）、確か、あれがレイスのデビュー戦だった」と何度か述懐しているが、レイスのデビュー戦は4年ほど前で、これは猪木の単純な認識違いだった。シリーズ中に猪木とレイスはタッグマッチ、6人タッグで3度対戦したが、互いにフォールを奪うことはなかった（シングル対戦はナシ）。このシリーズではむしろ吉村とレイスが好勝負を何度も展開し、テレビを見ているうちに引き込まれた記憶がある。2月23日から28日まで〝生傷男〟ディック・ザ・ブルーザーが特別参加して馬場のインター王座に挑戦（28日の東京体育館、馬場が2対1で勝利）したが、猪木とはタッグマッチで2度（1度はインタータッグ選手権、ブルーザーのパートナーはレイス）対戦しただけで、これまた互いにフォールを奪う場面はなかった。

シリーズ中の2月17日から22日まで興行が入っていなかったため、珍しく馬場、猪木、大木、吉村の4人が南房総白浜の「京成ホテル」に宿泊して2泊3日（20日～22日）の特訓を行った（駒厚秀〈マシオ駒〉、北沢幹之、高千穂明久〈ザ・グレート・カブキ〉、藤井誠之が同行）。これはマスコミ向けの「絵作り」が主目的だったが、4月早々に開幕する「第10回ワールドリーグ戦」の前に四天王が揃う機会が組めないため、仕方なくこの時期にもってきたと思われる。

猪木は3月8日の後楽園大会のあと、シリーズ終盤の4興行（3月15日から23日まで）を欠場した。これは9日から3週間のいわば「有給休暇」で、ロサンゼルス経由、ブラジルに8年ぶりの「里帰り」を行っている。これは前年4月に日本プロレスに復帰したときに平井義一（協会長）から取り付けた「1年以内に会社持ちでブラジルに行き、ブラジルの家族に会わせる」という約束を実行したものだった。弟の猪木啓介氏は後年、「兄貴がサンパウロに着いたときは大変な騒ぎになり、

ワールドリーグ戦前、猪木、馬場、大木、吉村が南房総白浜でキャンプを敢行（2月20日～22日）

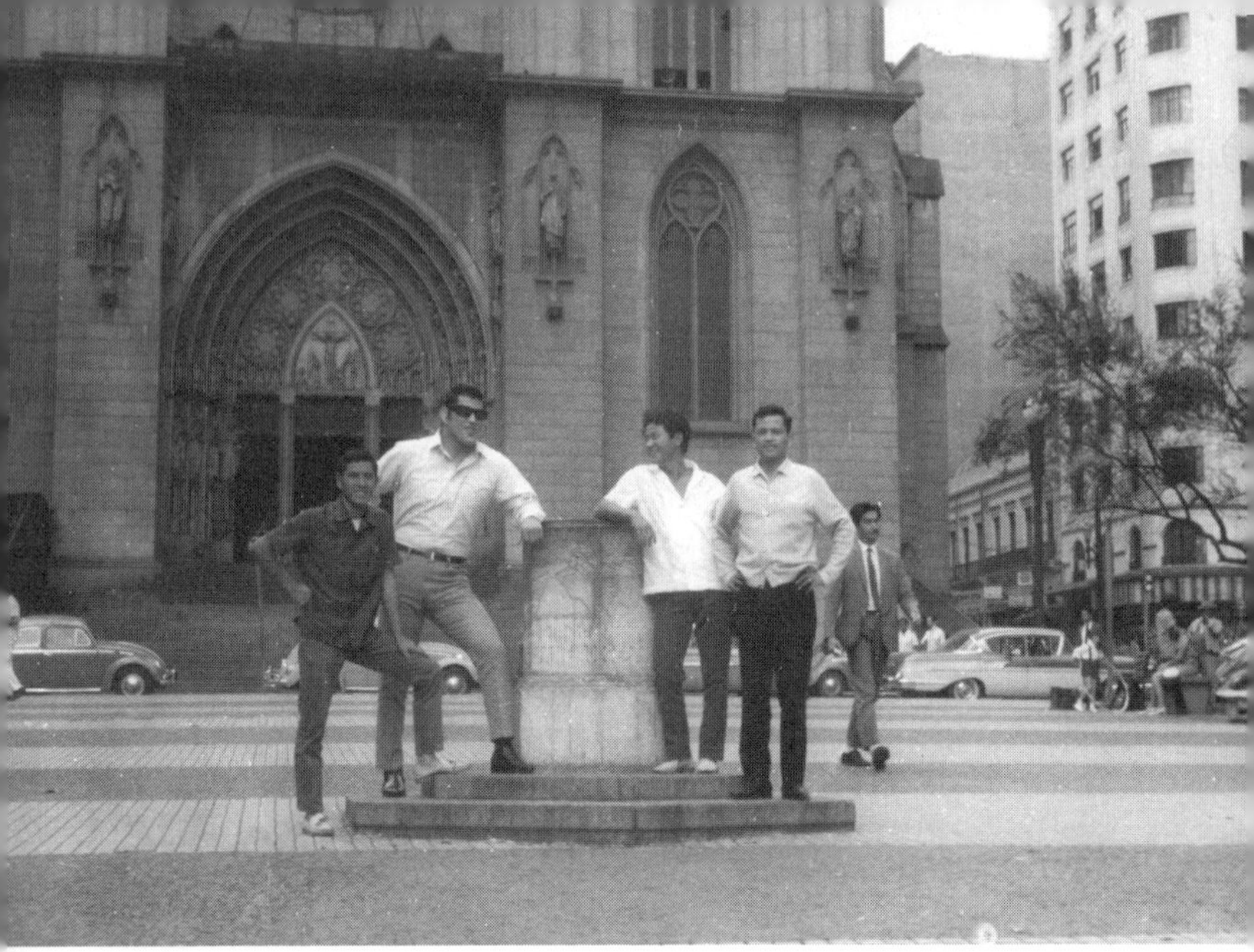

3月中旬、猪木はブラジルに8年ぶりに“里帰り”した。写真はサンパウロで兄弟たちと記念撮影。左から弟・啓介（けいすけ）、本人、兄・宏育（ひろやす）、上の兄・快守（よしもり）

空港には日系のブラジル人が数百人も詰めかけた。兄貴はダイアナさんと文子ちゃんを同行して、初めて母親（娘と同じく文子さん）に会わせたが、母がショックを受けたような表情だったのが印象に残っている」と語っている。猪木はロサンゼルス経由、4月1日に帰国した。

第10回ワールドリーグ戦
馬場、大木の壁を超えられず、旧友パターソンとの再会

キラー・コワルスキー、フレッド・ブラッシー、ジェス・オルテガ、ターザン・タイラー、ドン・デヌーチ、パット・パターソン、アンジェロ・ポッフォ、レン・ロッシーの8人を迎え、恒例の「春の本場所」が4月5日の後楽園ホールから開幕。5月17日まで6週間の

第10回ワールドリーグ戦の巡業中、列車で移動するゴッチとコワルスキー

ロングサーキットで日本列島を縦断した。日本陣営は馬場、猪木、大木、吉村、星野勘太郎、山本小鉄、ミツ・ヒライ、そして日系の大物デューク・ケオムカ（ロスのミスター・モトと並ぶ日本プロレスのブッカー的役割）の8人で、合計37興行で23万3000人、一興行あたり平均で約6300人を集めるという大成功シリーズに終わっている。3000人程度の収容キャパだった体育館も多い中での6300人平均という数字は驚異的で、関係者は「力道山時代のワールド人気が戻ってきた」と手放しで喜んだ。

ガイジン勢のトップにフレッシュな顔ぶれがおらず、しかもラフファイターばかりなので、私は毎週のテレビ中継を見ながら今一つ興味が湧かなかった（明らかに水曜日の国際プロレスのほうが面白かった）。「開幕から馬場の優勝が濃厚」というような雰囲気がアリ

（上・左）アメリカ武者修行時代から面識あるパターソンとワールドリーグで対戦（写真は4・30富山）

アリで、猪木も各スポーツ新聞で「馬場さんが3連覇できるように援護射撃する」など、とても猪木とは思えない謙虚なコメントに終始していた。このあたりも、まだまだ1月8日の「広島欠場事件」が尾を引いていたのは明白で、翌年（1969年）のワールドリーグに初優勝したときの「ギラギラしたような輝き」は影を潜めている。

最終的な結果は馬場がポイント7・5（コワルスキーと時間切れ引き分け）、猪木が6（コワルスキーと時間切れ引き分け、ブラッシーに反則負け、オルテガと両リン）、大木が6（コワルスキーに負け、オルテガ、タイラーと両リン）、吉村が4、星野が2・5、山本が2、ケオムカが2。この年のみならず毎年のワールドリーグ戦の最終ポイントというのは多い順に「日本陣営の格差」を示していたが、馬場の優勝は別として猪木と大木が同

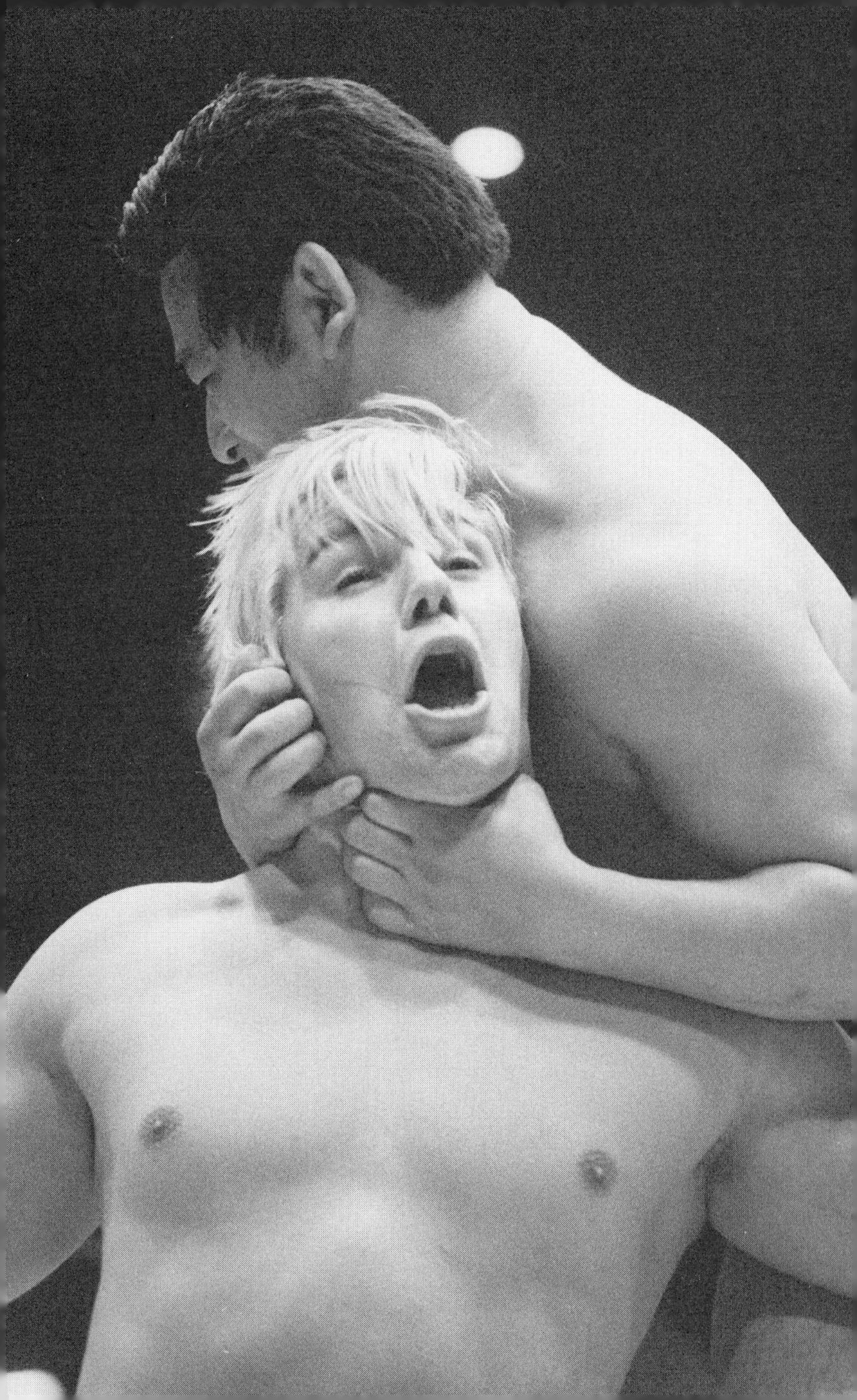

点だったというのは、「実力では馬場さん、大木さんに絶対負けていない」という自信のあった猪木にとって、大いなる屈辱に感じただろう。ただ、コワルスキーとはリーグ戦本番（5月7日、熊本市体育館）の30分時間切れ以外にも4月20日（福島県体育館）でも1対1から45分時間切れで引き分けており、「スタミナの権化」と言われていたコワルスキーと全く互角の結果を残したことで「馬場と猪木は僅差だな」という印象を残すことには成功したと思う。

5月6日のパターソン戦（リーグ戦＝鹿児島県立体育館）では久しぶりに東京プロレス時代の切り札だったアントニオ・ドライバー（ブレーンバスターのように相手の腹部を持ち上げず、自分の両手をグリップしてブリッジだけで投げ捨てる）を見せて8分9秒に完勝している。のちに新日本でライバル関係となるパターソンとはオレゴンでの武者修行時代からの親友関係だったが、日本での因縁はここからスタートした。パターソンを派遣したサンフランシスコの大物プロモーター、ロイ・シャイアがリーグ戦途中の4月17日に来日し、その夜に宿舎の「ホテル・ニュージャパン」で芳の里、遠藤と会談を持った。このあと、夏のシリーズにレイ・スチーブンス、秋のシリーズにレッド・バスチェン、冬のシリーズにポール・デマルコというシスコ地区のトップが来日したことから推理すると、この会談で日本プロレスとの業務提携が始まったと思われる。日プロが冷たい態度に出るとシャイアは国際プロレスに方向転換したと思われ、ここは日プロにとって賢明の策だった。

シリーズを通して（最終戦の5月17日、大阪以外）カール・ゴッチが全ての興行で「若手レスラーとの3人がけ＝15分エキシビション」を行った。北沢、平野岩吉、藤井、柴田、安達勝治、戸口正徳（タイガー戸口）、轡田《くつわだ》友継（サムソン・クツワダ）、駒、林牛之助（ミスター林）、永源の中から3人が選ばれて相手になったが（高千穂は若手から一歩進んだ中堅にいたので、ゴッチの相手にはなっていない）、次々と繰り出される華麗なテクニックの連続に観客から溜息が漏れた。一方、ガイジン勢のリーダー格だったコワルスキーからはジョー樋口（外国人係兼レフェリー）を通じて「前座であれをやられると、我々招聘ガイジンは試合がやりにくい。やめてほしい」とクレームがついた。これに対しては芳の里が毅然とした態度で「ゴッチはウチのコーチだから、エキシビショ

（上・中・下）第10回ワールドリーグの期間中、ゴッチは連日、若手とエキシビションマッチを敢行。写真は4・6蔵前で安達、戸口を相手に自慢のテクニックを披露するゴッチ

ンとはいえ若手の育成に必要。予定通り毎日やる」と突っぱねたが、リング内外で日和見的な判断が多かった芳の里にしては立派な主張だったと思う。

ゴールデン・シリーズ

ブレーンバスター、コブラツイスト…自分なりのスペシャル技を模索

馬場がコワルスキーを2対1で破った5月17日の翌日、徳島市体育館から新しい6週間の「ゴールデン・シリーズ」が開幕したが、長い日本プロレスの歴史の中で「前のシリーズから休みナシ」で開幕したケースはこれだけだ。それだけ「売り興行」がバンバン入って日本プロレスの人気がピークに達していたことを証明している。参加ガイジンはカリプス・ハリケーン、マリオ・ミラノ、ジョン・トロス、ロッキー・モンテロ、トニー・マリノ、ジェス・オルテガ（残留）の6人。「ハズレのない」粒の揃った実力者ばかりなので、テレビ中継は前のワールドリーグ戦よりも面白かった。6回あったテレビ中継のうち4回に猪木とハリケーンが対戦するカードが組まれており、中でも6月6日の群馬・高崎市体育館（翌7日に録画中継）のシングルマッチ45分3本勝負は1対1から時間切れで引き分けたものの、ハリケーンの切り札ブレーンバスターと猪木の必殺コブラツイストで1本ずつ奪取するシーンに、タイトルマッチ級の緊迫感があった。

6月21日のテレビは後楽園ホールからの生中継で、この日の猪木はマリオ・ミラノとシングルの30分1本勝負。フィニッシュに用いたのはアントニオ・ドライバーでもブレーンバスターでもない

ゴールデン・シリーズでハリケーンと緊迫感あふれる戦いを展開（写真は6・22川崎球場）

日本テレビ中継の放送席で解説を務める猪木(写真は5・24下関)

形のスープレックス(のちに前田日明がポピュラーにしたハーフハッチ)を用いてスリーカウントを取った。この時期の猪木はまだ「どうやって投げるのが、ベストのブレーンバスターになるのだろうか?」という模索をしながら実戦で使いわけていた感があり、最終的に「普通のブレーンバスター」に落ち着いたのは翌年のことだった。ダメージ的にはアントニオ・ドライバーやハーフハッチのほうが明らかに上だったような印象が残っているが、「滞空時間が長い」、「大きな弧を描く」という「プロとして、最大限に派手に見せる」というポイントで比較すると(普通の)ブレーンバスターに軍配があがるので、これが残ったのは仕方がない部分もある。猪木の腰への負担という点からも、アントニオ・ドライバーはシンドかったのではないか?

6月25日から27日までの3興行には〝黒い

ゴールデン・シリーズ
中のオフショット（6月、
岐阜にて）

ゴールデン・シリーズ中のオフショット（6月、岐阜にて）

魔神〟ボボ・ブラジル（45歳）が特別参加し、25日の愛知県体育館で馬場を破りインターナショナル選手権を獲得した（27日の蔵前国技館で敗れ3日天下）。猪木とは26日の大阪府立体育館でタッグで対戦したが（馬場、猪木対ブラジル、オルテガ、日本組が2対1で勝利）猪木とブラジルが互いにフォールを奪うことはなく、初対決は無難な形で終わっている。私はブラジルを新聞や雑誌でしか見たことがなかったので、「動くブラジル」の迫力には文句なしで感動した。馬場から王座を奪取した試合と蔵前で負けた試合は28日のテレビ中継で共に録画放送されたが、ブラジルの圧倒的な強さだけが記憶に残っており、特に名古屋で見せた「場外でのコブラツイスト」は「猪木のコブラより効きそうだ」と思ったものだった。このあたりから猪木は「もう、コブラツイストは俺のスペシャル・ホールドではなくなった」という認識を強めていき、年末の12月に初公開する「卍固め」のマスターを自分に課していったと推測される（12月6日に馬場がジン・キニスキーをコブラツイストでギブアップ寸前に追い込んだのが最後の引金となり、12月13日に卍を初公開）。

その卍固めを猪木に伝授したカール・ゴッチは、このシリーズから巡業に同道することはなく、渋谷の道場に定着して若手（地方巡業に出ない〝残り番〟）を相手に連日コーチ業に専念していた。

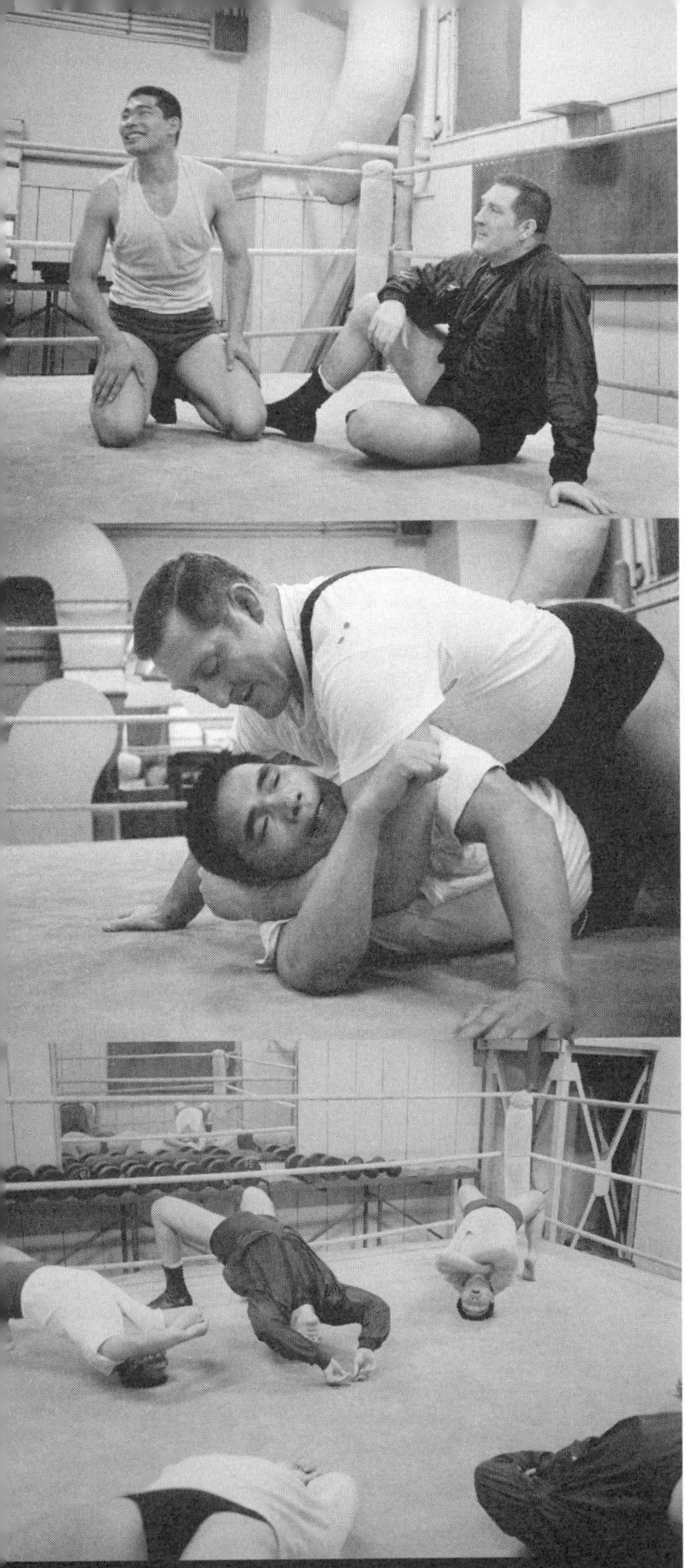

（上）ゴールデン・シリーズ以降、ゴッチは巡業に帯同せず、コーチ業に専念。道場で若手を相手に「ゴッチ教室」を開いた（写真は戸口に指導するゴッチ）（中）ゴッチ教室で大坪清隆コーチにお手本を見せる（下）戸口、クツワダ、百田ら若手を特訓するゴッチ。写真は全て5月30日

朝10時の練習開始に遅刻した者には「今日は練習しなくていいぞ。キミは帰ってよい」と厳しい態度で臨み、午後2時くらいまで連日4時間ほどの特訓が行われていたという。この道場におけるゴッチ教室については、令和になった現在でも戸口、百田光雄、木戸修ら、実際にコーチを受けたレスラーズによってトークショーや雑誌インタビューの場で詳細に語り継がれているが、まだゴッチ自身が44歳と「動ける」、というより、「肉体的にピークにあった」時期なので「自分の体を使った実戦形式でコーチできた」という点で、「口頭による説明がやや多くなった」新日本時代に比べると、内容的には濃いものだったようだ（特に木戸がそれを強調していた）。

サマー・シリーズ

サンマルチノと初遭遇するも、馬場との格差を痛感

7月5日、後楽園ホール（生中継）から恒例の「サマー・シリーズ」が開幕し、8月14日まで真夏の日本列島を縦断サーキットした。全興行に参加したのはレイ・スチーブンス、スカル・マーフィ、クロンダイク・ビル、マイク・ローレン、ジノ・ブリットの5人で、終盤8月2日から12日にかけてはWWWF世界ヘビー級王者のブルーノ・サンマルチノ（2度目の来日）が特別参加して、馬場のインターナショナル選手権と馬場、猪木のインタータッグ王座に挑戦している（サンマルチノのパートナーはスチーブンス）。後者は8月9日、田園コロシアムで行われ、1本目が両者リングアウト、決勝の3本目は猪木がコブラツイストでスチーブンスからギブアップを奪い王座防衛。この

7・12後楽園でマーフィ&クロンダイク・ビル（写真）を下した馬場&猪木

試合のほか、猪木とサンマルチノはタッグマッチ、6人タッグマッチで合計4回対戦しているが、ここは互いに一回もフォールを取り合うことなく終わっている。このシリーズにおける対戦が猪木・サンマルチノの初遭遇だったが、やはりサンマルチノの場合は馬場との対戦のみがクローズアップされた時期なので、猪木とサンマルチノが対戦しても、「さあ、これが夢の初対決です！」みたいな盛り上げは全くなかった（テレビでは8月9日のインタータッグのみ、録画中継）。2月のブルーザー、6月のブラジルのときもそうだったが、まだまだ猪木の存在は馬場より格下扱いで、芳の里ら幹部にとっては「猪木と対戦することによって、ブルーザー、ブラジル、サンマルチノらのボロが出てしまうと、彼らが馬場とのタイトルマッチをやるときにミソがつく」みたいな細かな配慮が見え隠れしていた時期だった。テレビ画面からも、それが透けてみえた。

第2次サマー・シリーズ
〝人間空母〟カルホーンに圧殺される

ヘイスタック・カルホーン、ルーク・グラハム、マンマウンテン・カノン、パンピロ・フィルポ、ボブ・アームストロングの5人が参加して、8月16日から9月13日まで（いわゆる）「納涼・残暑シリーズ」が開催された。エースが273キロの〝人間空母〟カルホーンというギミック色の濃い選手だったこともあり、タイトルマッチが全くないので「ノンビリ、ホンワカ」のムードが強く、猪木もテレビマッチの6人タッグでカルホーンのフライング・ボディプレスで何回かフォールされたが、私は「ま、仕方ないか。カルホーンだしな」的なユルい見方をしてしまった。

この4年後（1972年）に「ジム・ドランゴ」の名前で新日本の旗揚げシリーズに参戦したアームストロングはこの時が初来日だったが、猪木とは3回シングルで対戦し全敗（2回はコブラツイストで、1回はブレーンバスターで）している。この時期は東京スポーツとスポーツタイムズがプロレス報道の二本柱（ともに夕刊）だったが、朝刊のスポーツニッポンもかなりの頻度で一面、三面にプロレスを充てており、ボディプレスで宙を飛ぶカルホーン、その落下を「歯を食いしばって耐える」猪木の写真を見たときには単純に「アバラ骨が折れないのか？　すごいな」と感心したものである。

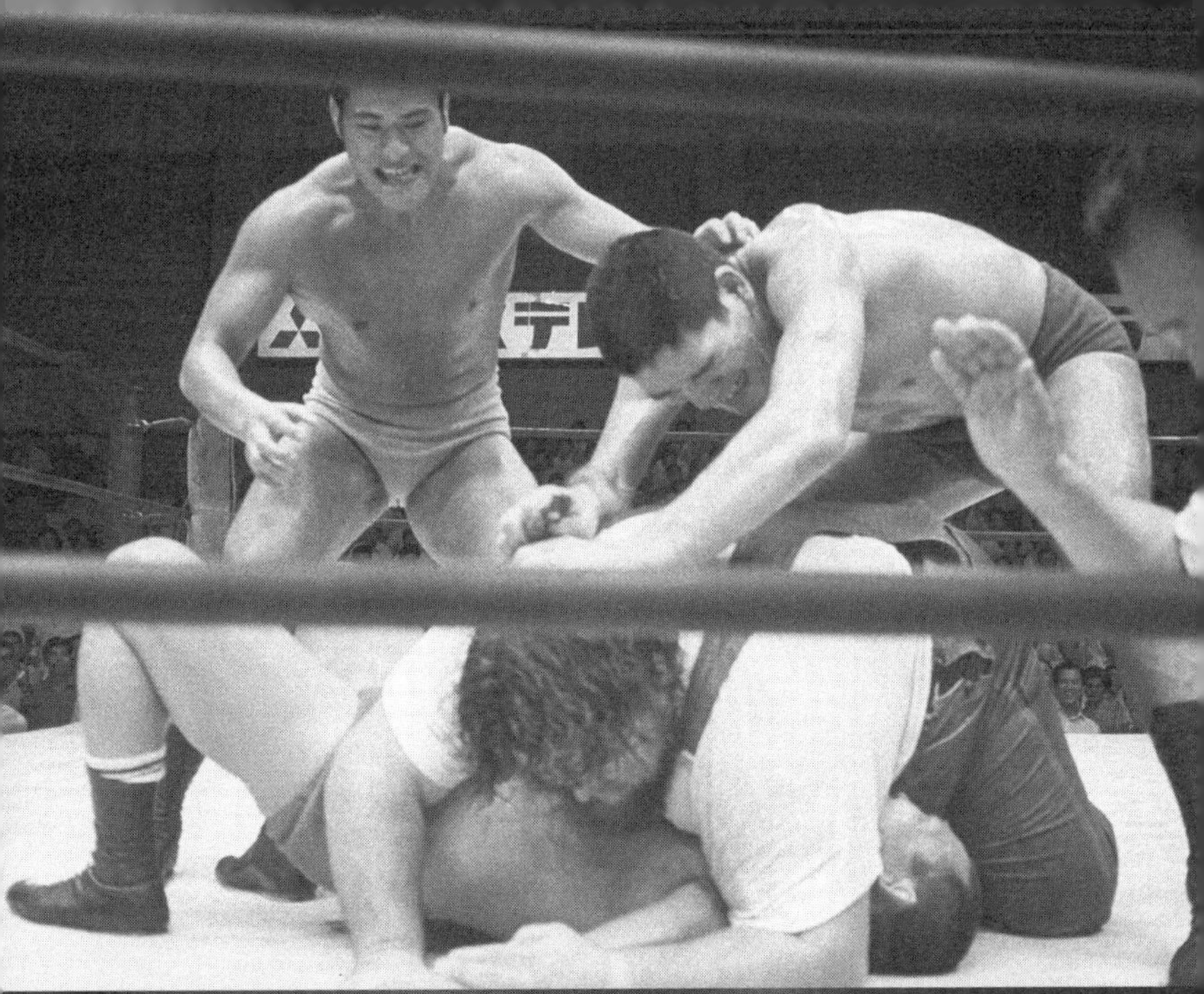

（上）人間空母カルホーンを3人がかりで攻略せんとする馬場&猪木&吉村（8・23後楽園）
（下）カノンをリバース・スープレックスで投げる猪木（8・23後楽園）

ダイヤモンド・シリーズ

バション、コックスらと殺気あふれる闘いを展開

7週間の長丁場である秋の陣は、9月20日に後楽園ホールからの生中継でスタートした。キラー・カール・コックス、マッドドッグ・バション、レッド・バスチェン、バディ・モレノ、カール・カールソン、メディコ1号（正体はペドロ・ゴドイ）の6人が招聘され、カルホーンが主役だった前シリーズと一変して「殺るか、殺られるか」ムードの雰囲気で充実したシリーズになった。

開幕戦ではメインで猪木、ヒライ対バション、バスチェンという好カードが組まれたが、この試合では初来日の二人がいきなり本領を発揮。特に1本目にバスチェンが見せたハイアングル・アトミック・ドロップは圧巻で、猪木をグイッと持ち上げたままリングを対角線に2、3歩ステップし、猪木の尾骶骨を自分の右膝に叩きつけスリーカウントを奪った。私は思わず身を乗り出すようにテレビに釘付けとなったが、アトミック・ドロップをこれだけダイナミックに見せてフィニッシュにしていたのは、当時おそらくバスチェンだけだったろう。まさに衝撃の一発だった。必殺技でいうと、コックスの〝元祖〟ブレーンバスターも凄かった。コックスのブレーンバスター写真を2枚、82ページに掲載したが（1966年のロサンゼルスにおける写真と、この1968年秋のシリーズの投げ）、落差といい描く弧の回転角度といい尻からの落ち方といい、完璧である。コックスは引退後のインタビューで「俺の自慢は、ブレーンバスターをかけた相手に一度も怪我をさせなかったことだ」と語っていたが、まさにプロの巧みを凝縮したようなフェイヴァレット・ホールドで、こ

ればかりは猪木、ハリケーンら他の使い手が及ばない神業の領域に達していた。

猪木はシリーズ中にシングルでバションと4回対戦して1勝1敗2引き分け。コックスとは1回対戦して反則勝ち。馬場はバションと1回対戦して反則勝ち、コックスとはインターナショナル選手権をかけて2度対戦し1勝1引き分け。アメリカ・マットにおける格でいえばバションのほうが上だったが、身長が低い（実寸は173くらいか？）ことで（馬場の相手としては）コックスが選抜されたと思われる。BIコンビがコックス、バション組の挑戦を受けたインタータッグ戦は2度行われ（10月24日の広島県立体育館と10月29日の愛知県体育館）、共にBIコンビが2対1で勝って王座を防衛した。

11月8日のテレビ中継は前半に馬場対コックスのインター戦を録画で流し、後半は後楽園ホールからの生中継（新シリーズの開幕戦）というマニアには嬉しい二本立てで、ビル・ロビンソンの人気が急上昇して視聴率も安定（毎週25％前後）していた国際プロレスを意識してか、細かな配慮がなされた番組構成になっていた。

NWAチャンピオン・シリーズ
室蘭でNWA王者キニスキーを相手に大善戦

このシリーズ名称が使われたのはこれが初めてで、日本プロレスが8月のNWA総会で加盟が承認された（正式には準加盟。アメリカ国内の団体ではないので、司法手続きが必要とされ、正式加

コックスと渡り合う猪木（10・1
秋田）

盟は翌年8月）ことから、このあともNWA世界ヘビー級王者が来日するシリーズの名称として長く（馬場が全日本プロレスを旗揚げしたあとも）使われることになる。

中盤の11月29日から12月6日まではNWA王者ジン・キニスキー（3度目の来日）が特別参加したがNWA世界戦は行われず、キニスキーは（前年に続き）馬場のインター王座に挑戦する形を

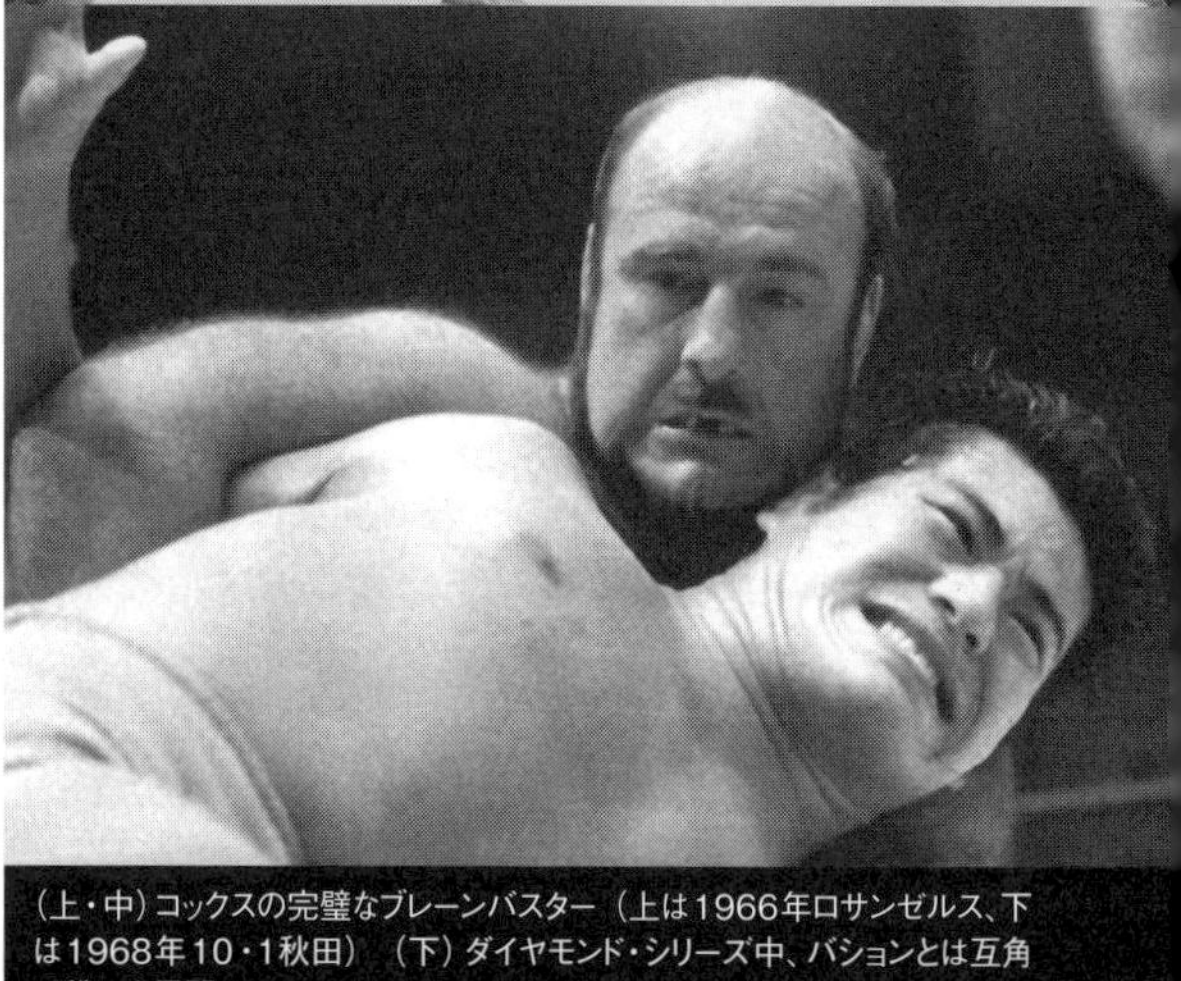

（上・中）コックスの完璧なブレーンバスター（上は1966年ロサンゼルス、下は1968年10・1秋田）（下）ダイヤモンド・シリーズ中、バションとは互角の戦いを展開

バーナードと乱撃戦を繰り広げる猪木（11・15後楽園）

採った。シリーズを通して参加したのはブルート・ジム・バーナード、ジョー・スカルパ、ロニー・メイン、スチーブ・ボラス、ポール・デマルコの5人で、この中ではバーナードの凶悪ファイトが特筆され、「角材による大木金太郎の右耳そぎ事件（12月1日、宮城県スポーツセンター）」や「猪木の新・必殺技グレープパイン・ホールドの最初の犠牲者（12月13日、後楽園ホール）」など、終始シリーズの話題を牽引して大活躍している。

シリーズ最大の山場は12月6日、蔵前国技館における馬場対キニスキー（インターナショナル選手権）だったが、その1週間前に生放送された猪木対キニスキー（11月29日、北海道・室蘭市富士鉄健保体育館）は白熱の名勝負だった。最後は25分35秒、キニスキーが逆転のバックドロップでスリーカウントを奪ったが、内容的には猪木が6－4で押して

11・29室蘭におけるキニスキーとの一騎打ちは、試合には敗れたものの、白熱の名勝負となった

テレビ

三菱冷蔵

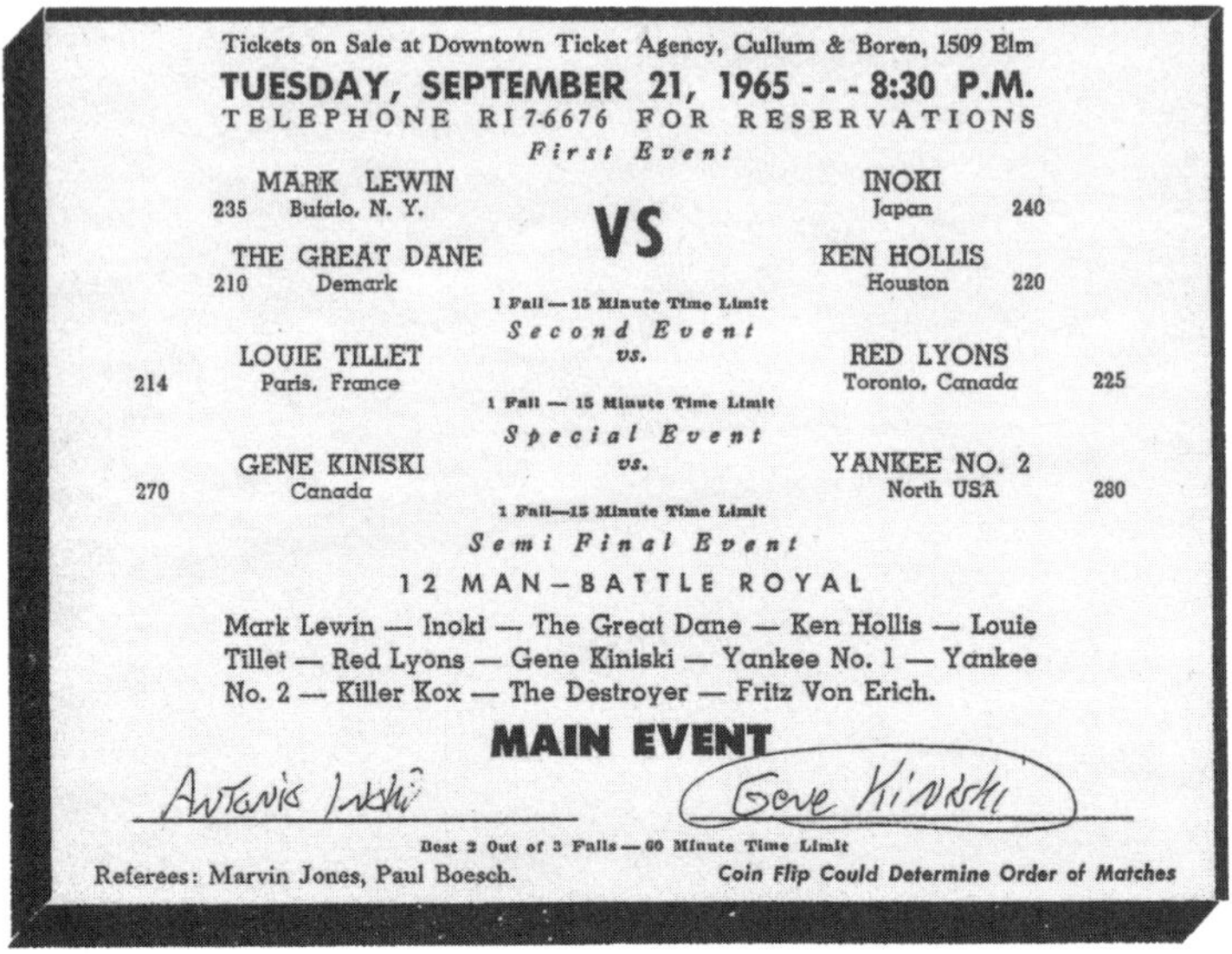

Tickets on Sale at Downtown Ticket Agency, Cullum & Boren, 1509 Elm

TUESDAY, SEPTEMBER 21, 1965 - - - 8:30 P.M.

TELEPHONE RI 7-6676 FOR RESERVATIONS

First Event

235	MARK LEWIN Bufalo, N. Y.	VS	INOKI Japan	240
210	THE GREAT DANE Demark		KEN HOLLIS Houston	220

1 Fall — 15 Minute Time Limit

Second Event

214	LOUIE TILLET Paris, France	vs.	RED LYONS Toronto, Canada	225

1 Fall — 15 Minute Time Limit

Special Event

270	GENE KINISKI Canada	vs.	YANKEE NO. 2 North USA	280

1 Fall—15 Minute Time Limit

Semi Final Event

12 MAN—BATTLE ROYAL

Mark Lewin — Inoki — The Great Dane — Ken Hollis — Louie Tillet — Red Lyons — Gene Kiniski — Yankee No. 1 — Yankee No. 2 — Killer Kox — The Destroyer — Fritz Von Erich.

MAIN EVENT

Antonio Inoki　　Gene Kiniski

Best 2 Out of 3 Falls — 60 Minute Time Limit

Referees: Marvin Jones, Paul Boesch.　　*Coin Flip Could Determine Order of Matches*

アメリカ武者修行時代の1965年9・21ダラス大会のプログラム。猪木はキニスキーと対戦した

おり、「猪木のNWA王座挑戦も遠くない」ことを感じさせた。猪木自身、キニスキーというレスラーの評価は非常に高い。私がインタビュアーとなった2010年9月のDVDボックス収録のときに、こう証言している。

「(私が用意した1965年9月21日、ダラスのシングルマッチのプログラムを見ながら) この試合はよく覚えていますよ。スタミナでは誰にも負けない自信があったのに、キニスキーのスタミナは本当に凄かった」

23歳の猪木にとっては、おそらくレスラーになって初めて「スタミナ負け」した相手だったに違いない。キニスキーがルー・テーズに勝ってNWA世界王者になる3カ月前の最も勢いのある時期だったとはいえ、猪木に「シャッポを脱がせる」スタミナはどれほどのものだったのだろう。この室蘭における対戦は猪木にとって「馬場の噛ませ犬」的な役

12･6蔵前のインター王座戦でキニスキーにコブラツイストを決める馬場。馬場にお株を奪われた猪木は内心憤慨

目になってしまったが、ジャスト1年後にドリー・ファンク・ジュニアとのNWA世界戦が実現したことを考えると意味のある敗戦で、逆に「出世試合」だったように思う。

馬場は12月6日のインター防衛戦の3本目、コブラツイストで完全にキニスキーを捕えた。ギブアップは時間の問題と思われた瞬間、キニスキーは空いていた左手で沖レフェリーのシャツを掴み手元に引き寄せて倒すという動きに出た。明らかに「反則負け」狙いのプレーだったが、ギブアップ負けよりは（反則負けのほうが）印象がベターなので躊躇はなかった。沖レフェリーはアッサリとキニスキーの反則負けを宣告して馬場が2対1で勝ったが、この馬場のコブラツイストを見た猪木が「カチン」とこないわけはない。それまでのインター防衛戦で馬場はコブラをフィニッシュに使用したことはなく、馬場と猪木の間には「コブラに関する暗黙の紳士協定」が存在していたように思えたが、この大一番のコブラで、その協定が破棄された感じだった。

翌週の12月13日、猪木は後楽園ホールの最終戦で馬場とタッグを組み、バーナード、メイン組と対戦（金曜日だったがテレビ中継は前週のインター戦を録画中継）。1本目をＢＩコンビが反則勝ちで取ったあとの2本目、猪木はバーナードを「初公開の変形コブラツイスト」に固めてギブアップを奪った。このあと1月にかけての「卍固め誕生の経緯」については次の１９６９年の冒頭に詳しく書いたので、それをお読みいただきたい。

1968年のパンフレット用に撮影された猪木の特写。左下は栄養酒の宣材

こいつは効くぞ!

1969年（昭和44年）

日プロ・NETの主役に躍り出る！生涯忘れられない1年に

新春チャンピオン・シリーズ

新必殺技は「タコ固め」か？「寛至絡み」か？「卍固め」か？

まず、この年の1月における猪木の新・必殺技（卍固め）ネーミングの経緯について、私が2023年1月の週刊プロレスに書いた原稿を転載する。

『週刊プロレス』2023年1月18日号（第2223号）掲載（プロレス史「あの日、あの時」）

猪木は1968年12月13日、後楽園ホールにおけるタッグマッチ（馬場、猪木対ブルート・バーナード、ロニー・メイン戦）の2本目、コブラツイストに似た形の変形アバラ折りを披露し、バーナードをギブアップさせた（4分34秒）。このとき公式アナウンスは「ブドウつる固め」で、東京スポーツはじめ、翌日のスポーツ新聞もこの名称を記載した。テレビの解説席にいた山田隆氏（東京スポーツ）が「海外では〝タコ固め〟とも呼ばれている技です」とフォローしたので、番組（日本プロレス中継）のプロデューサー（原章氏）は「このままでは混乱する。新しいネーミングが必要だ」と判断。この12月13日は金曜日だったが、テレビでは前週の12月6日に行われた大一番、馬場対ジン・キニスキーのインターナショナル選手権（3本目、馬場のコブラツイストに捕まったキニスキーが、沖レフェリーに暴行して故意の反則負け）を録画中継したので、猪木の記念すべき「初の卍固め」は残念ながらテレビで放送されていない。翌週12月20日の「日本プロレス中継」は新潟市体育館（12月8日）からの録画中継で、年内最後の27日は後楽園ホールからの生中継（新春チャンピオン・シリーズ開幕戦、猪木対ウィルバー・スナイダー、馬場対トム・ジョーンズ）。ここで有名な猪木と戸口正徳による「道場で撮影された新必殺技の動画（スローも含む）」が公開されて、「この猪木の新しい技の名前を公募します」という発表（締め切りは1月20日）がなされた。

馬場は1968年になってから頻繁にコブラツイストを使うようになっており、それまで自分の最大の切り札としてフィニッシュに使っていた猪木にとっては「このあたりで、誰にも真似されないような新必殺技をマスターしなければ」と感じていた。4月から日本プロレスの専属コーチとしてエラ夫人と共に恵比寿のマンションで生活していたカール・ゴッチは、猪木の相談に応えて、かつて自分が主戦場としていた欧州地区でエイブ・ギンスバーグ、レン・ベン・シェモールら何人かの選手が使用していた〝オクトパス〟（タコ固め）を伝授。これを猪木が実戦で初使用したのが、12月13日の後楽園ホールだったという経緯である。

正月から日本テレビ運動部には毎日のように数百通という規模で大量のハガキが舞い込み、猪木の新しい技に対する関心度の高さを証明。当選（？）した「卍固め」、「アントニオ・スペシャル」以外にも、「がんじ絡《から》め」と本名の「寛至」をかけた「カンジガラミ」という傑作もあったそうだが（当然）採用には至らず、1月24日、後楽園ホールからの生中継で当選した「卍固め」という新名称が発表された（別掲写真、右は徳光和夫アナウンサー）。3万を越す実際の応募ハガキの山を前に、猪木は「チャンスがあれば、今夜の試合で決めてみたい」と異例の予告。メインで馬場と組んで登場した猪木（相手はウィルバー・スナイダー、ボブ・ボイヤー）は、1本目を外国人組の反則で取ったあと（16分8秒）の2本目、ボイヤーに見事な卍固めを決めて、3分31秒に鮮やかなギブアップを奪って快勝した。これが記念すべき卍固めのテレビ初公開となったわけだが、この試合も日本テレビのアーカイブには残っていない。結局、日本テレビに今でも残っている最古の「卍動画」は同年2月11日、秋田県体育館でスナイダーをギブアップさせたときのモノクロ・フィルムである。

新春シリーズにはウィルバー・スナイダー、ダニー・ホッジ、バスター・ロイド（ルーファス・

公募の結果、猪木の新技名が「卍固め」に決定。猪木と徳光和夫アナが試合会場で発表した（1・24後楽園）

新技名決定の直後、猪木は卍固めでボイヤーを料理。これが卍固めのテレビ初公開となった（1・24後楽園）

ジョーンズ）、トム・ジョーンズ、ボブ・ボイヤーというレベルの高い5選手が招聘され、7週間にわたり馬場、猪木、大木、吉村の「四天王」と多くのタイトルマッチを消化した。猪木が絡んだのはインタータッグの4試合（相手は全てスナイダー、ホッジ組）と吉村が（渡米のために）返上したアジアタッグ王座争奪戦（パートナーは大木）で、なんといっても前者、インタータッグの4戦が素晴らしかった。まず1月3日の蔵前国技館で1対1から60分フルタイム引き分け（猪木はフォール勝ち、フォール負け共になし）。8日の広島県立体育館では1対2で敗れ王座転落（猪木は1本目にホッジのサイド・スープレックスでフォールを取られ、2本目はホッジをコブラツイストでギブアップさせ雪辱。3本目はスナイダーが馬場を体固め）。2月4日

1・3蔵前の馬場&猪木 vs スナイダー&ホッジのインタータッグ王座戦は60分時間切れ引き分けでBI砲が王座防衛。写真はホッジ相手に奮闘する猪木

1・8広島でスナイダー&ホッジに敗れインタータッグ王座から初転落したBI砲は、2・4札幌で雪辱を果たし、ベルトを奪い返した。写真は札幌でホッジをボディシザースに捕らえた猪木

1・11大阪府立でホッジとシングル対決（両者カウントアウト）

スナイダーとのシングル対決は2対1で猪木が敗北（1・31後楽園）

（上・下）スナイダー&ホッジからインタータッグ王座を奪回した馬場&猪木は初防衛に成功（2・11秋田）

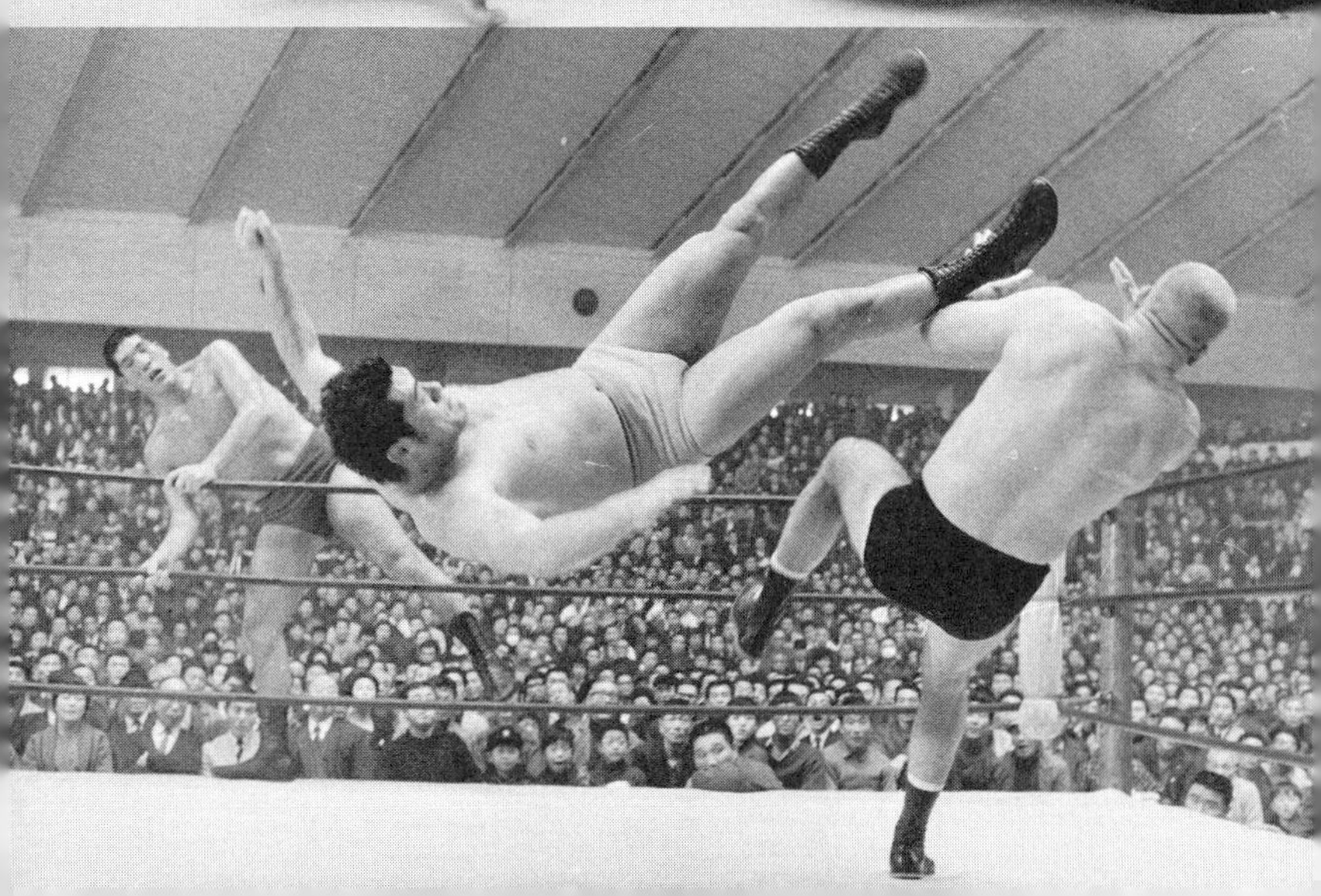

の札幌中島スポーツセンターで奪回（猪木はフォール勝ち、負け共になし。1本目は日本組の反則勝ち）。2月11日（最終戦）の秋田県体育館では2対1で勝って初防衛に成功（猪木は1本目にスナイダーにフォール負け。2本目にホッジを場外に置き去りにしてリングアウト勝ち。3本目は卍固めでスナイダーをギブアップさせ雪辱）。

このうちテレビでは札幌を除く3試合が放送された。初戦の蔵前は生中継だったために、放送時間切れで結末は見れず。広島は録画でノーカットで中継され、私は、それまで無敵を誇ったBIコンビが初めて負けるシーンに衝撃を受けた。

一番肝心の秋田は、ハンディカメラによる撮影の5分くらいの映像が、2月14日のテレビ中継枠（次期シリーズ開幕戦の生中継に入る前）で流されたにとどまった。ただ、秋田では猪木がスナイダーに決めた卍固めの様子は日本テレビのカメラ・クルーによって収録されており、これが「猪木がビッグマッチで卍を初めて使った記念すべきシーン」として、今でも日本テレビのアーカイブに残っているのが嬉しい（モノクロ）。

シリーズを通じて一番印象に残っているのは「ダニー・ホッジのガチガチの強さ」で、とにかく馬場、猪木が何をやっても余裕の表情で「受け流す」感じだった。ちょうど1年前、国際プロレスに来てルー・テーズからTWWA世界ヘビー級選手権を奪取したときも似たような感想を持ったが、私にとって、このシリーズで「怪物」、「ヘビー級より強いジュニアヘビー級」ホッジの存在が決定的にインプットされたことが、後のプロレス観に「とてつもなく大きな影響」を与えたと思う。

2·11秋田のインタータッグ防衛戦では3本目、猪木がスナイダーを必殺卍固めで仕留めた

ホルツをコブラツイストで絞め上げる（2・14後楽園）

ダイナミック・シリーズ

早くも卍固めを使いこなし、試合への期待感がアップ。馬場の「噛ませ犬」から脱却

秋田のインタータッグ戦から中2日を置いて、新しい「ダイナミック・シリーズ」が開幕（2月14日の後楽園ホール）した。シリーズを通して参戦したのはブル・ラモス、ネルソン・ロイヤル、ポール・ジョーンズ、ジム・オズボーン、フランク・ホルツの5人（全員が初来日）で、私は最初の週こそ『ゴング』や『別冊ゴング』で毎号のように登場していたラモス（ロサンゼルスからの外電）に注目していたが、2週目に猪木とシングルマッチ45分3本勝負で勝った（1対1から反則勝ち）ネルソン・ロイヤルの強さに引き込まれた。

身長は175センチ前後だったが小気味よいファイトぶりで猪木の若さを封じ込め、中盤戦（2月26日）から特別参加してきたザ・デストロイヤーに勝るとも劣らぬ存在感を示していた。このロイヤルとのシングル戦の1本目、猪木はカナディアン・スピニング・バックブリーカーを初公開した。これはカナディアンの要領で担ぎ上げた相手をグルグル回転して投げ捨てフォールを狙う技で、やや軽量

ラモスにドロップキックを見舞う(2・14後楽園)

に属する相手にはフィニッシュとして使われることがあったが、120キロを超す相手だと持ち上げるのに精一杯だったので、使用頻度はさほど多くはなかった(新日本時代になるとほとんど使っていない)。このシリーズは3月21日まで5週間にわずか11興行しか開催されなかったが(久しぶりのスカスカ日程シリーズ)、そのうちの7興行がテレビで中継されている(うち生中継が4興行)。当時の自分のメモを見返すと、デストロイヤーが3月5日の試合を最後に帰国したあとはカードにマンネリ感が出ていることを「毎週ラモス、ロイヤルで回すのは限界」と酷評している。その雰囲気を敏感に察知した猪木は、3月14日の後楽園ホールのメイン(馬場、猪木対ラモス、ロイヤル)の2本目(1本目は日本組の反則勝ち)、ロイヤルをガッチリと卍固めに捕えてギブアップを奪い「マンネリ感」

3月26日〜29日、南伊豆・今井浜海岸で行われた合宿の様子。猪木が山本小鉄を、1年半に及ぶ米武者修行から凱旋した坂口が高千穂を担ぎ上げる

を払拭している。平凡なカードであっても、卍固めが出ると「スペシャル感」、「ビッグマッチ感」が漂う。卍を出す局面として、猪木はこの試合から「必ずしもタイトルマッチに限定しない」披露を自ら解禁したわけだが、それでもワンシリーズに一度か二度（このシリーズはこれだけ）の頻度であり、以降は強敵が相手になると「ひょっとしたら、今日は卍を出すかも」というワクワク感が加わって、試合への興味が倍化する効果をもたらした。

3月5日、東京体育館で馬場のインター王座に挑戦して0対1から60分時間切れで敗れたデストロイヤーは、2日前（3月3日）の横浜文化体育館のメインで猪木と60分3本勝負で対戦し、2フォールを奪って2対1で勝ってい

る。前年11月29日のジン・キニスキー戦と同様、結果だけ見ると「馬場の噛ませ犬」的な敗戦ではあったが、これはノーテレビだったので会場に行った人しか見ていない。

1本目はデストロイヤーがダブル・ニースタンプの5連発（!）で先制し、2本目は猪木がコブラツイストで返してタイ。3本目は猪木がコブラの態勢に入ろうとしたところ、デストロイヤーは右手に隠し持った凶器(栓抜き)でノドを付いて逆転のスリーカウントを奪っている。バックドロップでスリーカウントを奪われたキニスキー戦に比べると「完敗」というニュアンスではなく、馬場のインター選手権に挑戦してくる相手に（選手権前に）負けることは、この試合で事実上「卒業」した形となっている。

シリーズ最終戦の翌日（3月22日）、猪木は都内の慈恵医大病院に赴いて扁桃腺の除去手術を行っている。これは猪木にとってかねてからの悩みであった「扁桃腺の腫れによる頻繁な発熱」という体質的な問題を解決するための決断で、4月からの「ワールドリーグ戦」に備えたコンディション作りという点からもタイミング的にギリギリの期日であったと思われる。

この手術のあとは担当医師から10日間の安静を言い渡されたが、猪木は26日から29日まで行われた南伊豆・今井浜海岸で行われた合宿に参加して、軽めのトレーニングをこなしている。この合宿には馬場（ロス遠征中）、大木を除く主力選手や若手のほとんどが参加した大掛かりなもので、18日に凱旋帰国したばかりの坂口征二のために「マスコミへの絵作り」という側面が強かったにせよ、猪木、坂口、吉村、星野、山本、大熊元司、そして専任コーチのカール・ゴッチも参加していたの

東京12チャンネルの「プロレスアワー」にはアメリカの名レスラー、名勝負が続々と登場し、マニアを唸らせた（写真は番組のオープニング映像）

だから注目度は高かった。３月28日のテレビ中継（日本テレビ）はこの伊豆合宿の様子に加え、前年６月の馬場対ブラジル（インターナショナル選手権２連戦）が再放送され、翌週（４月４日）から開幕するワールドリーグ戦にエースとして来るボボ・ブラジルの凄さを改めてアピール。「次期シリーズのアオリを放送時間内に目一杯やる」という趣向は滅多になかった時代であり、リーグ戦への期待は一気に盛り上がった。この段階で、私の中には「猪木が初優勝する」という結末は全く見えていなかった。

　直接「猪木ヒストリー」とは関係しないことなのだが、この時期に私が最も注目していたテレビ番組は日本プロレスや国際プロレス（番組のエースは毎週ビル・ロビンソン）ではなく、毎週土曜日の夜７時から１時間枠で放送されていた東京12チャンネルの「プロレスアワー」というアメリカのレトロ・プロレス番組（といっても１９５０年代だから、そう古くはない）だった。第１回（１９６８年11月30日）がルー・テーズ対アントニオ・ロッカ（１９６３年５月10日、バッファロー）という夢の対決で、そのあとも素顔時代のデストロイヤー（ディック・ベイヤー）やボボ・ブラジル、フリッツ・フォン・エリック、ディック・ザ・ブルーザー、クラッシャー・リソワスキー、ボビー・ブランズ、パット・オコーナー、キラー・コワルスキー、サニー・マイヤース、そしてまだ来日前のバーン・ガニア、ザ・

シーク、エドワード・カーペンティアらが毎週のように出てきたのだから堪らない。

第11回ワールドリーグ戦は歴史に残るエキサイティングなシリーズとなった（写真は4月3日のレセプション）

のちにマニアになった同年代と話すと「私もプロレスアワーからハマりました」という方が非常に多いが、とにかく凄い番組で、「これを見ずしてマニアになった人は日本にいなかった」と言って過言ではないと思う。過去の名勝負アーカイブみたいな番組だから毎週が名勝負なのは当然だったのだが、どうしても日本テレビの「日本プロレス中継」と比較してしまい、「馬場、猪木の試合は結局、場外乱闘や流血試合が多い。本来のプロ・レスリングから見ると邪道だ。プロレスアワーの試合が本筋だ」という感想を持ったものだった。「プロレスアワー」には流血試合が全くなかったので、その印象は尚更強烈だった記憶がある。

第11回ワールドリーグ戦

猪木初優勝！日プロ史上に残る大盛り上がりのシリーズに

参加ガイジン選手はボボ・ブラジル、ゴリラ・モンスーン、クリス・マルコフ、ペッパー・ゴメス、メディコ2号（ルイ

ワールドリーグ前夜祭でマルコフとタッグ対決する猪木（4・4後楽園）

ス・ヘルナンデス）、メディコ3号（トニー・ゴンザレス）、ボビー・ダンカン、トム・アンドリュースの8人。コワルスキーをエースとした前年の8人よりもバラエティに富んだ面々で、私は初来日のゴメスに期待した。

過去、私は色々な紙媒体で「日本プロレスが開催したシリーズの中で歴代のベストワンは、1969年の第11回ワールドリーグ戦だった」と何度も書いてきた。その思いは今でも変わらない。これは猪木の劇的な初優勝というフィナーレが最大の理由ではあるが、前夜祭（4月4日＝生中継）から決勝戦（5月16日＝生中継）に至るまでの7週間のテレビ中継が、まるで一級品の連続ドラマのようなストーリー性に満ちており、週が変わるたびに優勝候補が全く絞れなくなる展開になったからだ。日本テレビの視聴率も7週間連続で30%を超えているが、まさに毎週のプロレス中継はプロレスファンのみならず「国民的な関心事」みたいな感じだった。私の家族も父、兄、私の3人が食い入るようにプロレス中継に齧りついていたので、金曜8時は祖母と母にチャンネル権がなかった（ちなみにまだまだ白黒テレビの時代で、私の家にカラーテレビが入ったのは1971年6月のことである）。

当初は凱旋帰国した坂口征二（1965年の柔道日本一）が注目を集め、「最後は馬場がB・ブラジルを倒して4連覇するのだろうが、せめて最初は坂口の成長を楽しもう」という感じだった。開幕戦（4月5日、蔵前国技館＝ノーテレビ）で馬場がモンスーンに、猪木がブラジルにフォール負けを喫するという大波乱の幕開けだったので「今年は初めてガイジンが優勝するのかな？」と思わせたが、テレビ3週目の大阪府立体育館（4月16日）で、猪木がモンスーンを

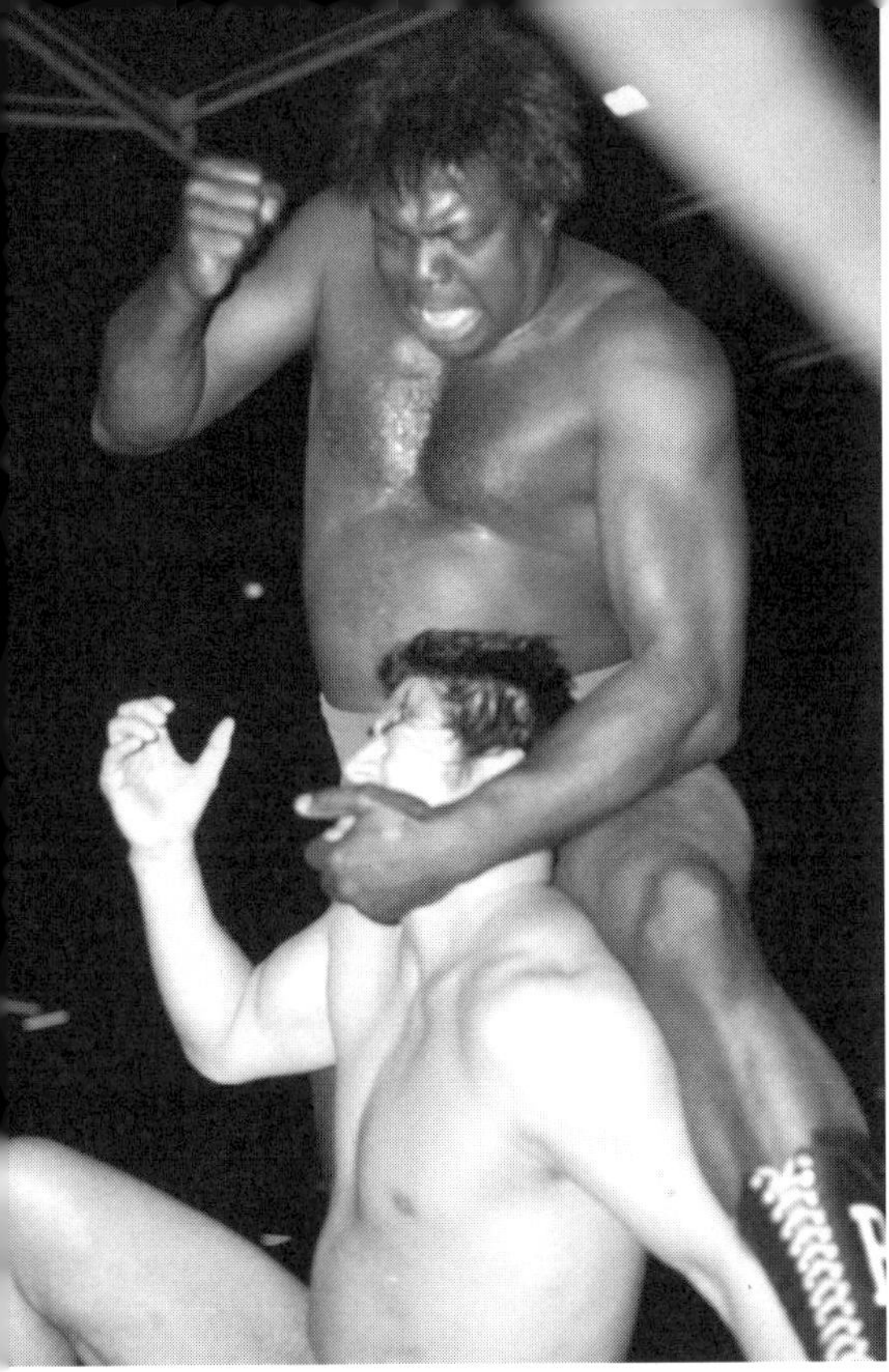

第11回ワールドリーグ開幕戦で猪木はブラジルに完敗。馬場もモンスーンに敗れ、嵐の幕開けとなった（4・5蔵前）

試合の中盤に必ず出していたトレードマーク技がインディアン・デスロック（写真は4・12福島、対メディコ3号）

ジャックナイフでフォールして快勝したあたりから優勝候補に猪木が加わってきた。猪木は5月10日の富山県体育館でマルコフと30分時間切れで引き分けたが最終的にポイントで6・5となり、同じ得点で並んだ馬場、ブラジル、マルコフと共に5月16日、東京体育館における決勝戦に歩を進めた。16日は「クジ引き」の結果、馬場対ブラジル、猪木対マルコフの組み合わせになったが、これは日本プロレスのフロントからマスコミ各社に対して（前日の15日に）発表がなされただけであり、正直、実際に（クジ引きが）行われたとは思えない。7月2日からNETテレビ（テレビ朝日）で「ワールドプロレスリング」の放送開始が決定していたので（5月13日に記者会見で発表）、その新番組のエースである猪木（馬場は日本テレビからの要求で番組出演はナシ）が優勝することは必須に思われた。

タッグマッチでブラジルにコブラツイストを決める猪木（4・15愛知）

4・16大阪府立のワールドリーグ公式戦でモンスーンと激突

決勝戦当日は金曜日で、日本テレビの生中継があった。私はこのあたりから毎日朝刊のスポーツ新聞もチェックしていたので、「5月14日、横浜文化体育館の試合終了後にクジ引きが行われて、馬場対ブラジル、猪木対マルコフの2戦が行われ、その勝者が優勝戦を行う」ということは知っていた。馬場も猪木も勝って、二人が決勝で対戦するという図式は全く想像ができなかったので、単純に「最初に対戦する二人が引き分けで、次の試合の勝者が優勝するのだろうな」という予測はついた。「案のじょう」と書いては語弊があるが正直、そんな感じでテレビ中継を眺めており、馬場とブラジルが30分時間切れで引き分けて、8時30分くらいに猪木とマルコフの試合が始まったときは、猪木の初優勝を確信していた。馬場・ブラジル戦が最初に行われることは当日まで発表されていなかったから、

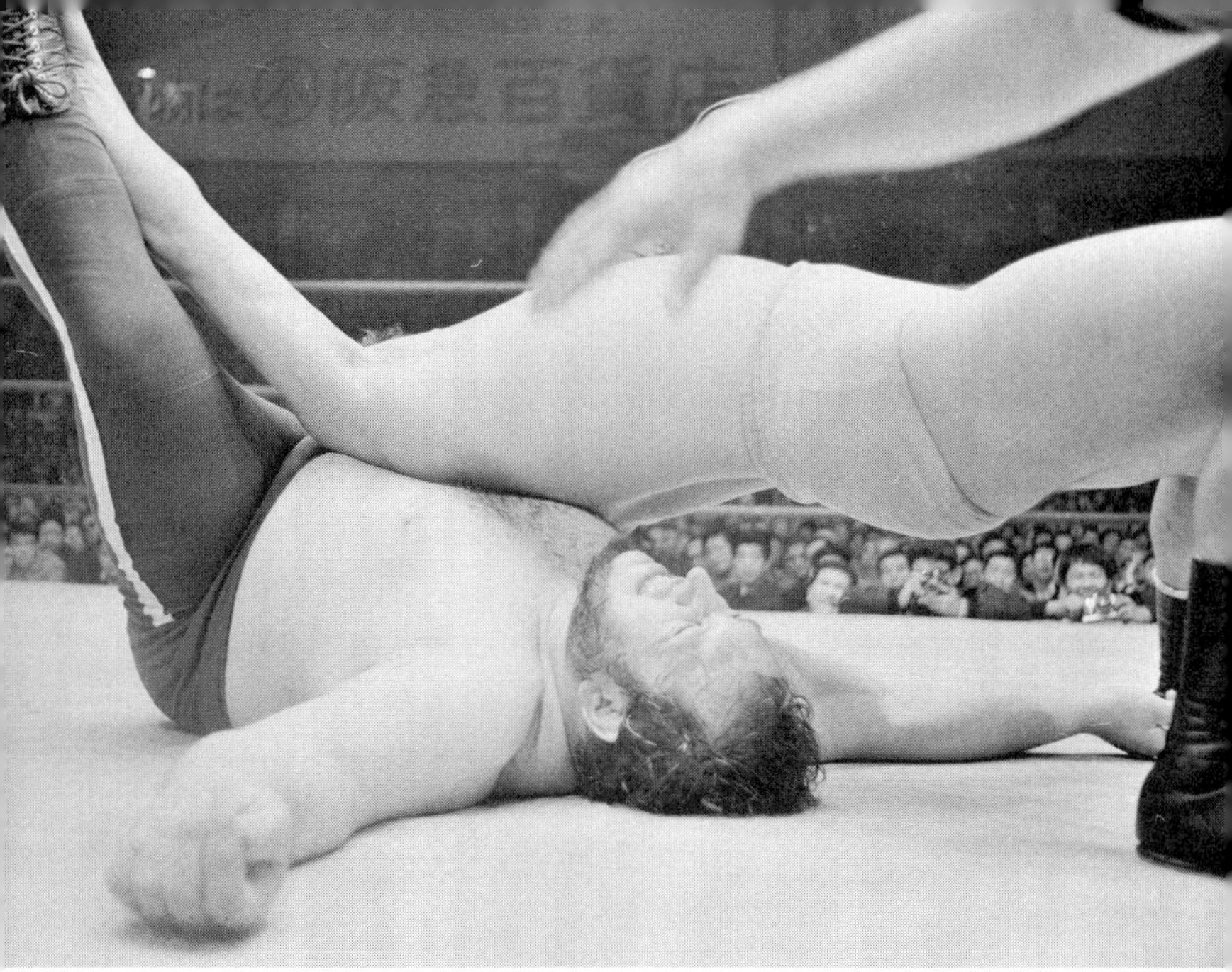

猪木はジャックナイフ固めでモンスーンから金星をゲット（4・16大阪府立）

仮にテレビ中継が猪木・マルコフ戦から始まっていたら、「ああ、馬場の優勝だな」と思っただろう。結果的には卍固めで猪木がマルコフをギブアップさせ（17分45秒）逆転勝ちしたので良かったが、あと1分、フィニッシュが遅れていたら放送時間内には入っていなかった。生中継の怖いところであり、卍がギリギリ、テレビ放送時間に入ったことは猪木の持つ強運だった。翌日のスポーツ新聞は全て大きく報じ（スポーツニッポン、デイリースポーツ、日刊スポーツは一面）、「猪木時代の始まり」というニュアンスで書いたが、まだまだ看板のインターナショナル王者は馬場であり、ここから一気に「馬場と猪木は同格になった」という感じではなかった。

「ワールドリーグ戦」は5月19日の浜松大会で終了し、翌20日には馬場、猪木、坂口、吉村、ダンカン、ヘルナンデス、ゴッチ、ユセ

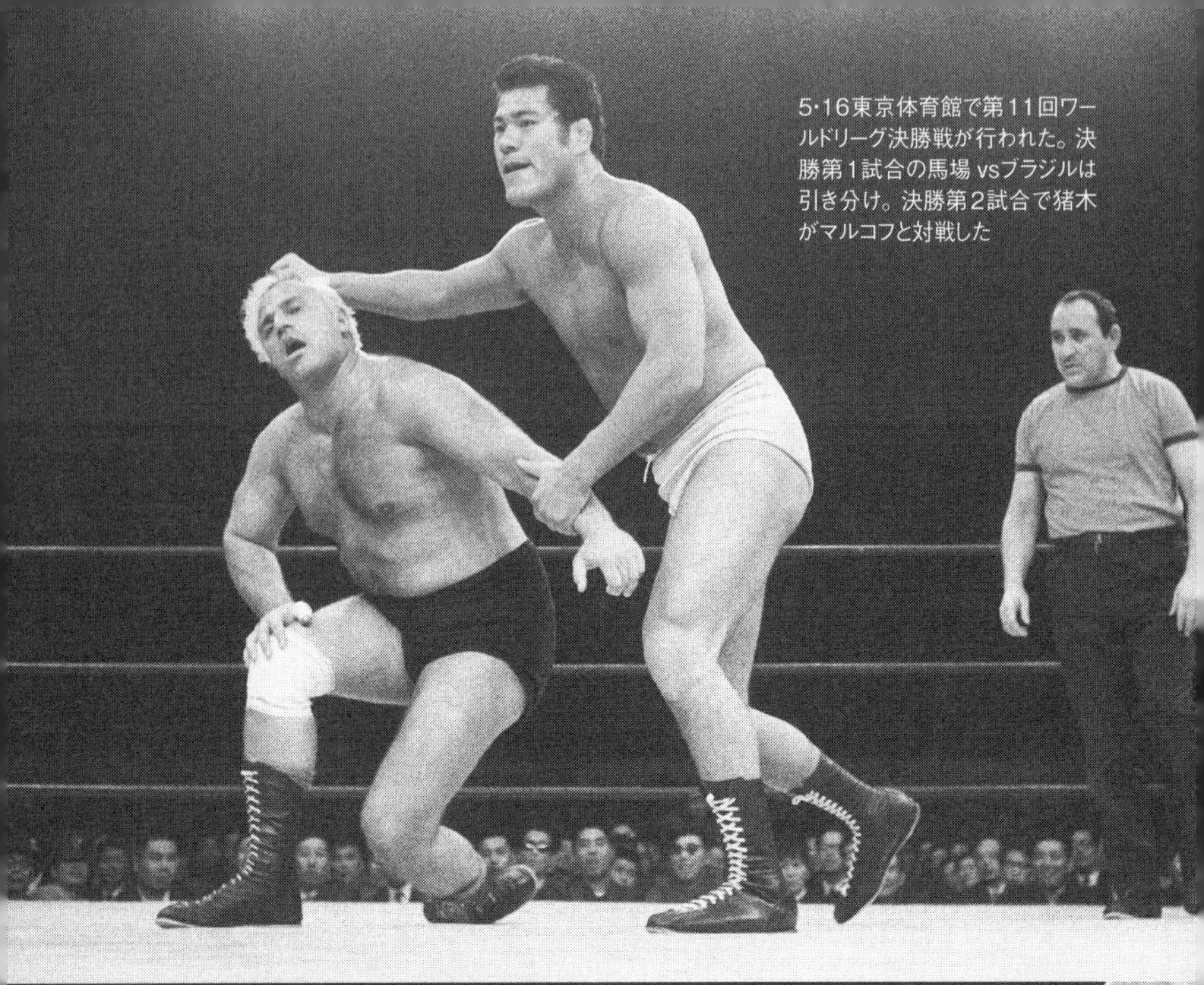

5·16東京体育館で第11回ワールドリーグ決勝戦が行われた。決勝第1試合の馬場 vsブラジルは引き分け。決勝第2試合で猪木がマルコフと対戦した

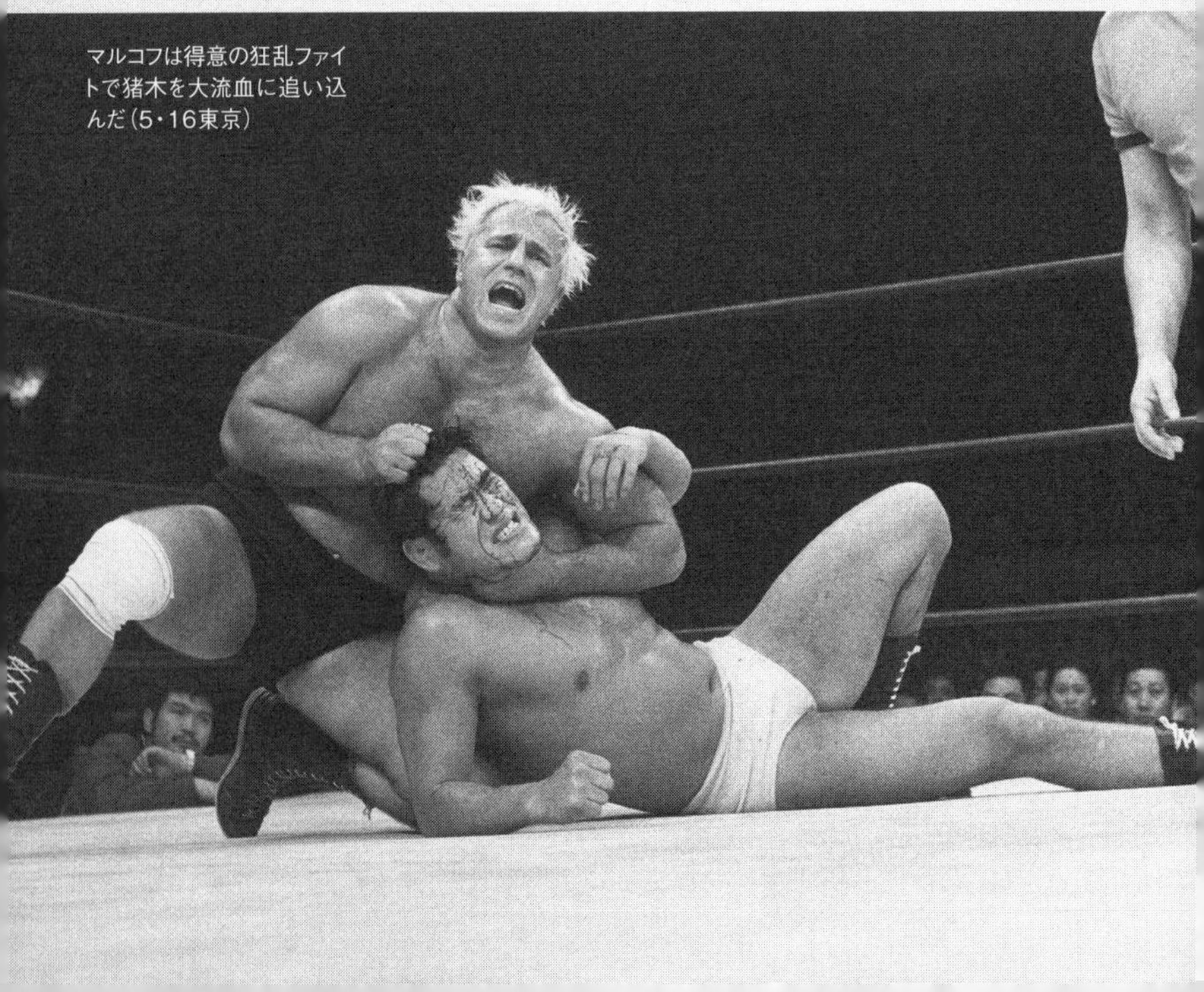

マルコフは得意の狂乱ファイトで猪木を大流血に追い込んだ（5·16東京）

大流血に追い込まれた猪木がマルコフに怒りの鉄拳で大逆襲。猪木らしさ全開!(5・16東京)

(右・左)猪木の卍固めがガッチリ決まり、マルコフはたまらずギブアップ(5・16東京)

（上・下）マルコフを撃破した猪木は悲願のワールドリーグ初優勝を遂げた。馬場も猪木を祝福（5・16東京）

高々とトロフィーを掲げる猪木。ワールドリーグ初制覇という勲章を手に入れたことで、「馬場超え」の悲願にまた一歩近づいた（5・16東京）

フ・トルコの8人による香港遠征が入った（試合は21日のみ。猪木はゴッチとエキシビションの20分1本勝負で対戦し時間切れ引き分け。そのあとに馬場と組んでダンカン、ヘルナンデスに勝ち）。これはテレビ放送の単独スポンサーであった三菱電機の要請に応じたもので、7月の東南アジア遠征の際の現地日系企業を取りまとめる役目だった三菱電機アジア総支局（香港）スタッフとの打ち合わせ、慰労が主目的であった。

ゴールデン・シリーズ

ジャーマン・スープレックスを会得！ NET中継の主役の座も獲得

一行が香港遠征から羽田空港に帰国したのは5月22日で、その翌日（23日）の後楽園ホールから新シリーズに突入。前年と同様、レスラーにとっては殺人的なスケジュールだが、まさに日本プロレスの全盛時代を象徴していた過密日程である。参加ガイジンはフレッド・ブラッシー、スカル・マーフィ、ブルート・バーナード、クルト・フォン・ストロハイム、エドワード・ペレス、クルト・フォン・スタイガー、カール・フォン・スタイガーの7人で、さすがにシリーズのエースが51歳のブラッシーというのは苦しい感じがしたが、ブラッシーが馬場のインターナショナル選手権に、マーフィ、バーナードが馬場、猪木のインタータッグ選手権に2回、そしてバーナード、ストロハイムがアジアタッグ選手権に挑戦してシリーズ中の大会場を全て満員にし、「それなりの」内容と興行成績を残したのは流石、ベテランたちの意地を感じた。

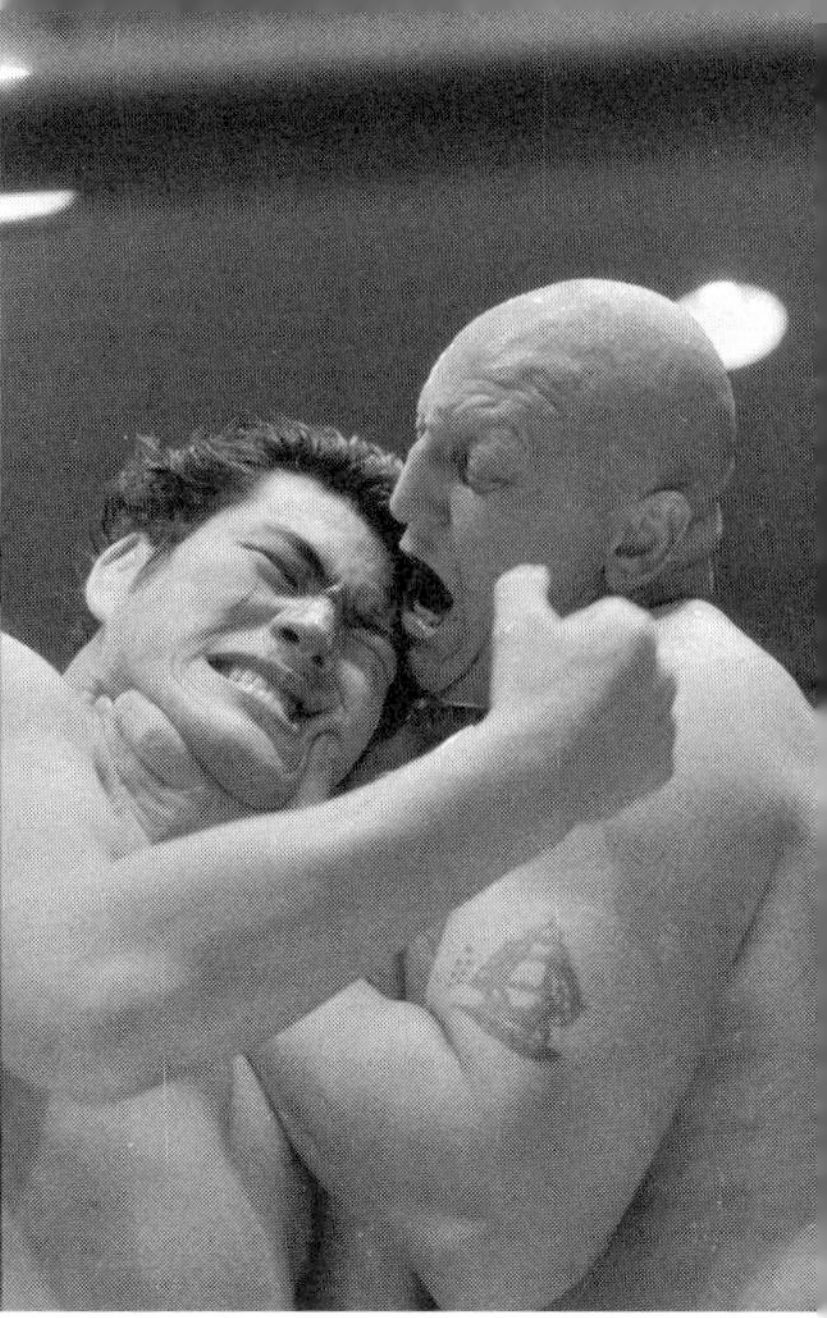

（右）5・23後楽園で馬場と組んでマーフィ（写真）&バーナードとタッグ対決　（左）アジアタッグ王座防衛戦に臨む王者コンビの猪木&大木（7・3蔵前）

このシリーズには、「猪木ヒストリー」の大転換ともいえる特筆事項が二つあった。まずは必殺技のレパートリーにゴッチ直伝のジャーマン・スープレックス・ホールド（原爆固め）が加わったことだ。これは卍固め、スピニング・バックブリーカーに次ぐ同年3つ目の新兵器で、6月12日の秋田県体育館で初公開（馬場と組んでのメインエベント。相手はマーフィ、ストロハイム組。3本目に猪木がストロハイムをジャーマンでフォールし2対1で勝利）。翌日録画中継され、私は1966年のカール・ゴッチ（2度目の来日）、ヒロ・マツダのジャーマンは（まだマニアになる前で）見ていなかったので、「人生初の動くジャーマン」に感動した（東京12チャンネルの「プロレスアワー」でも、ジャーマンが使用されたシーンはなかった。国際プロレスでは草津が形だけ真似してやっていたが、

ゴッチ直伝のジャーマン・スープレックス・ホールドを3度目の披露（7・3蔵前、3本目にストロハイムをフォール）

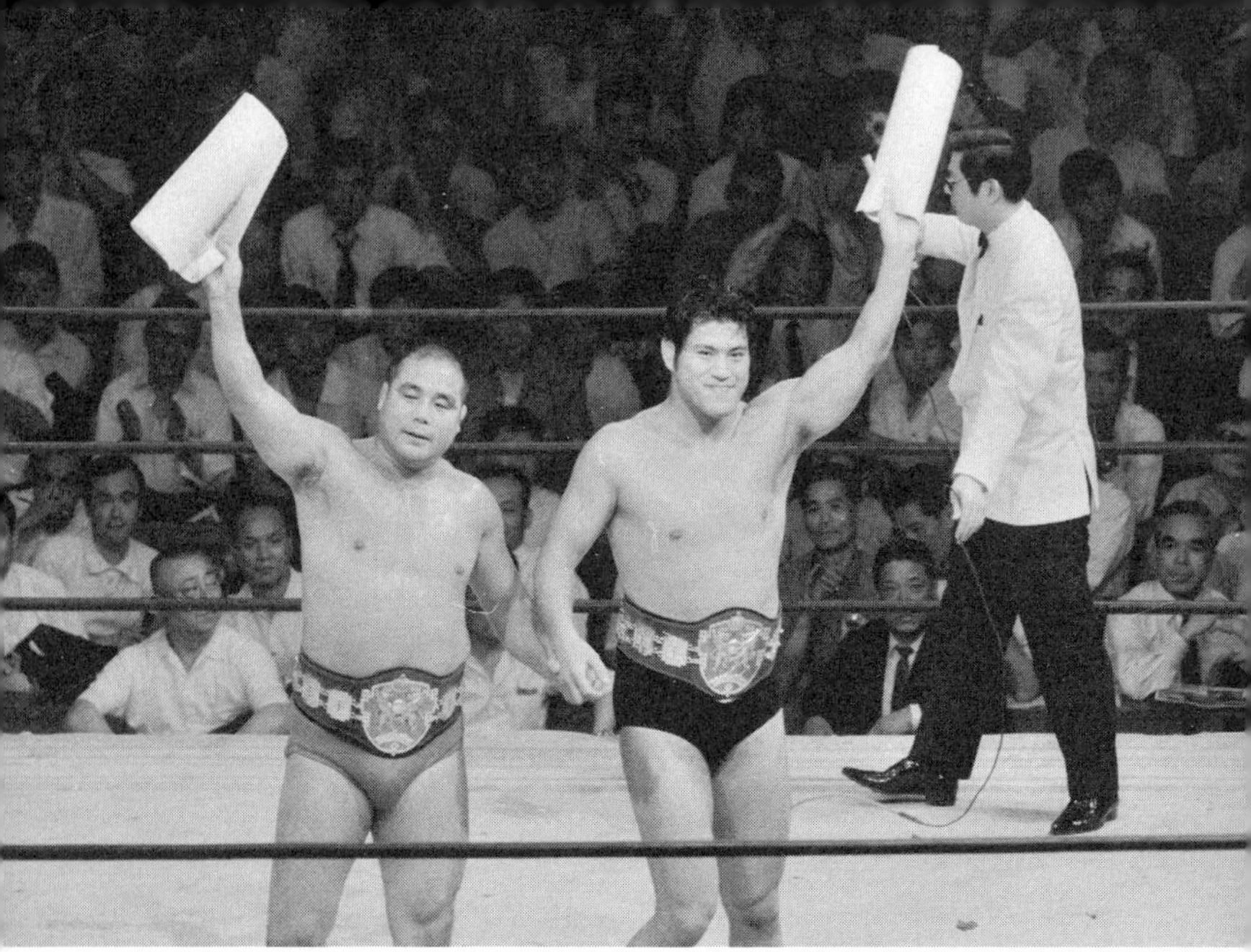

7・3蔵前で猪木&大木はバーナード&ストロハイムを破りアジアタッグ王座防衛に成功したが、試合後、大木がタイトルを返上

ブリッジが常に崩れていた)。そのあと6月19日のストロハイム戦(セミの45分3本勝負の3本目)で2度目を炸裂させ(これはノーテレビ)、最終戦のアジアタッグ(7月3日=蔵前国技館、猪木、大木対ストロハイム、バーナード)の3本目、またまたストロハイムに見舞って決勝フォールを奪った。この3度目の披露もテレビに映ったが、それまで日本人レスラーとしてはヒロ・マツダしか出していなかった大技だけに、猪木がこれを必殺技レパートリーに加えたことは画期的なことだった。本家ゴッチに比較すると、フォームそのものはまだまだ改良の余地があるように見えたが、とにかくブリッジによる猛練習で鍛え上げた太い首の筋肉は「絶対に崩れない」という安定感があり、120キロ近い巨体のストロハイムを3度も完璧に投げきったフィニッシュは見事の一語に尽きた。

NETテレビ（テレビ朝日）による日プロ中継「ワールドプロレスリング」第1回放送の放送席。左端が遠藤幸吉、左から2人目が桂小金治（6・23大田区）

そして二つ目の特記事項は「NET ワールドプロレスリングの放送開始」である（これにより日本プロレスは日本テレビ、NETの毎週2局放映を実現）。毎週水曜日・夜9時からの1時間枠で、最初の放送は7月2日。6月23日の大田区体育館における猪木、吉村対スタイガー兄弟（猪木組のストレート勝ち）、大木対E・ペレスというカードで、放送席のゲスト解説者として遠藤幸吉と落語家の桂小金治が座った。桂小金治はNET番組の幾つかで司会者として高視聴率の実績があり（「泣きの小金治」として有名）、記念すべきNETプロレス中継初回のゲストとして、人選的には妥当な感じがした。

以降、猪木を軸としたNET（1977年4月からはテレビ朝日に社名変更）のプロレス中継が、なんと半世紀以上も続いて今日に至っている。なんともすごい長寿番組で、細かく調べるまでもなく「世界で最も長く続くプロレス中継番組」である。

サマー・シリーズ

吉村との無敵アジアタッグ王者時代がスタート！ NET中継の辛苦

7月10日から16日まで、日本プロレスは馬場、猪木らの主力日本人選手とストロハイム、スタイガー兄弟、ペレスの4人を同行してバンコク、シンガポール（2日）、香港（2日）で5興行を開催した。日本テレビで7月11日にバンコク大会の模様が録画中継され、ここでも猪木がストロハイムをジャーマンでフォールするシーンが好角度で映し出された（45分3本勝負の3本目）。

一行は17日に帰国し、翌18日の後楽園ホールから「サマー・シリーズ」が開幕（後楽園ホールから生中継）。ザ・ブッチャー（ドン・ジャーデン）、マリオ・ミラノ、アート・マハリック、ジェリー・ブリスコ、ジャン・セバスチャン、ティンカー・トッドの6人が全戦出場し、8月8日から14日までの7興行にはディック・ザ・ブルーザー、クラッシャー・リソワスキーの「ブルクラ・コンビ」が特別参加して真夏の日本列島を縦断した。馬場、猪木は8月11日、札幌中島スポーツセンターでブルクラに敗れ、この年2度目の王座転落（猪木は1本目をクラッシャーのメリケンサック・パンチを食いフォール負け、2本目にクラッシャーを卍でギブアップさせたが、3本目に馬場がブルーザーにフォールされ完敗）。13日の大阪府立体育館では2対1で勝ち奪回に成功（1本目両軍リングアウト、決勝の3本目は猪木がクラッシャーから卍固めでギブアップ奪取）。相手が「世界一の

7月9日、東南アジア遠征に出発

東南アジア遠征から帰国した翌日から新シリーズに突入。写真は7・22町田でマハリックと戦う猪木

無法コンビ」だったことで納得する部分もなくはなかったが、1月に続く王座転落には、若干ながら無敵のBI時代に陰りを落とした。

大木が「アジアヘビー級のシングル王座に集中したい」という理由で返上したアジアタッグ王座は、再び猪木・吉村組という編成になり（1967年12月の猪木返上以来）、8月9日の愛知県体育館で王座決定戦が行われた（猪木、吉村対クラッシャー、マハリック）。マハリックに集中砲火を浴びせた日本組が2対1で快勝し順当に王座奪回を果たして、ここから2年以上の長い「猪木、吉村のアジアタッグ独占時代」がスタートした。

前年（1968年）の初来日時に

シングルで45分フルタイム引き分けに粘られたことがあるマリオ・ミラノとは、このシリーズ中に2度のシングルマッチで対戦。2度とも猪木の完勝に終わって、「もう、お前とはライバル関係じゃないんだよ」という貫禄を見せつけたのが印象的だった。NETの「ワールドプロレスリング」には馬場が登場できないので、「ブルクラ」が参加した7興行のうち、NETが放送できたのは8月9日のアジアタッグ争奪戦（名古屋＝猪木、吉村対クラッシャー、マハリック）と14日のアジアタッグ初防衛戦（広島＝猪木、吉村対ブルーザー、ミラノ）の2興行だけだった（ともに録画中継）。日本テレビはインターナショナルのシングル、タッグを含む4興行を中継しており（一つは生中継）、「好カードはNETにやらないよ」みたいな印象があった。もっとも、夜9時からの放送だったNETは生中継ができないので、そこは仕方ない部分もあったが、「新参者」のNETにとっては、日本テレビの「残りかす」みたいな興行を（中継日に）割り当てられていた辛い時期だったろう。この辛苦は翌年4月、中継枠が月曜夜8時になってから解消する。

第2次サマー・シリーズ

NWA王者ドリー来日決定！王座挑戦の気運が高まる

ダン・ミラー（初めて覆面姿で登場。パートナーのレモラと同じマスク）、ザ・レモラ（レイ・

アンソニー）、ドン・ダフィの3人に、残留のブッチャー、セバスチャンを加えた5人の編成（トッドも9月2日まで残留）によって、8月29日から「第2次サマー・シリーズ」が開幕（後楽園ホールから生中継）。この開幕戦では馬場、猪木対ミラー、レモラのカードがメインに組まれ、1本目はBIコンビが反則勝ち。2本目は、猪木がまたまた新兵器のバックドロップを初公開して、レモラから完璧なスリーカウントを奪った。このバックドロップはレモラの左臀部を左手でリフトアップし、アトミック・ドロップの要領で持ち上げてから後方に落とす「キニスキー式」だったが、落差が大きくブリッジが効いていたために、レモラは半失神状態でしばらく起き上がれなかった。9月2日の葛飾区体育館ではメインの60分3本勝負で猪木対ミラーのカードが組まれ、これはNETで録画中継され中身の濃い好試合になった。1本目はミラーが豪快なシュミット流バックブリーカー2連発で先制。2本目はミラーが暴走して反則負けを取られたが、3本目は猪木がバックドロップでスリーカウントを奪い、2対1で猪木が難敵ミラーを撃破した。反則含みではあったが、2年前の「第9回ワールドリーグ戦」では（20分）時間切れ引き分けで勝てなかった相手であり、ここでも成長ぶりを見せた形になった。

この葛飾大会では、8月22日と23日にセントルイスのチェイス・パーク・ホテルで開催されていたNWA総会に出席し、31日に帰国した芳の里と遠藤が控室で記者会見に応じ、「11月下旬から12月にかけて、NWA世界ヘビー級チャンピオンのドリー・ファンク・ジュニアが来日する」と重大発表を

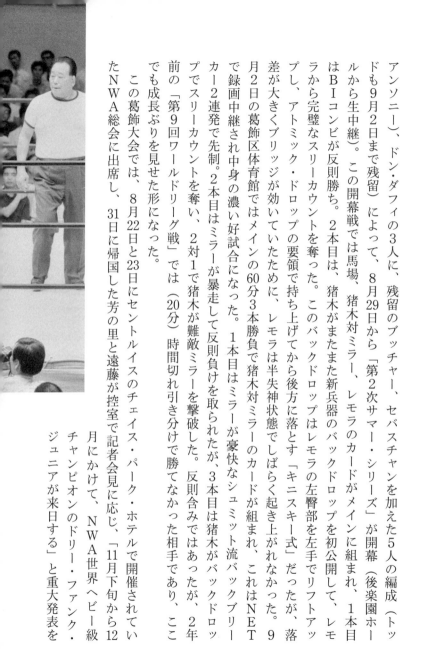

9・2葛飾で難敵ミラーと熱闘を繰り広げた末に撃破

行った。この時点ではNWA世界戦の詳細は発表されなかったが、「今回は馬場だけでなく、猪木にもチャンスが与えられるだろうな」という期待感が、ここから高まっていく（馬場、猪木のダブル挑戦が正式発表されたのは10月15日）。

シリーズが9月15日に終了し、猪木は17日、夜8時羽田発のブラジリアン航空815便でリオデジャネイロに赴いた。これは16日発行の東京スポーツとスポーツニッポンが報じているが、東京スポーツが「秋の陣に備えて、第二の故郷ブラジルで鋭気を養い、そのあとアメリカ西海岸で特訓予定」と書いたのに対し、スポニチは「ブラジルに2〜3日滞在したあとは、アメリカのバンクーバーとモンタナで特訓」と書いている。この時期、ダイアナさんは文子ちゃんを連れてモンタナのビュッテ（両親がいる実家）に戻っており、猪木がダイアナさんと話し合いに行ったことは間違いない（マスコミでは報道されていない）。30年以上あとに発行された『猪木寛至自伝』には「私が東南アジア遠征で女性と遊んだことを人伝に聞き、それに立腹したダイアナは、そのあとすぐに家を出てモンタナに戻っていた。私は渡米して説得したがダメで、彼女は日本に戻ることを拒否した」と書いている。この時のモンタナ行きがこれ（説得）に該当していると推測されるが、猪木はこれでダイアナさんとの同居生活に区切りをつけ離別を決意したと思われる。以降は「たまに会ってメシを食う仲」だった倍賞美津子さんとの付き合いが急速に進展（12月2日、ドリーとのNWA世界戦も会場で観戦）し、二人の密会は週刊誌に「パパラッチ」されることが頻繁になってくる。猪木は次期シリーズ開幕当日の9月26日に帰国した。

ダイヤモンド・シリーズ

ドリーへの挑戦決定、倍賞美津子さんとの親交…公私共に充実の日々

ザ・デストロイヤー、キラー・オースチン、ミスター・アトミック、ベン・ジャスティス、ジョン・エル・サリバン、ブラック・ゴールドマン（ゴードマン）、フランシスコ・フローレス、スチーブ・リッカードの8人を招聘して、9月26日から11月5日までの6週間シリーズが開催された。それまで「ワールドリーグ戦」以外のシリーズに8人のガイジンが招聘されたことはなかったが、こ

のシリーズから「通常シリーズでも8人」というのがポツポツ見られるようになる。NETテレビからの放映料が入って興行予算が潤沢になってきたことの証拠であり、馬場、猪木、大木、吉村「以外」にも4人の中堅が（毎日）ガイジン・レスラーと対戦できるようになった。セミファイナルの前の前あたりまで日本人同士の対戦が5〜6試合続いていた時代が長かっただけに、このガイジン増加は歓迎すべき拡大策だった。

9・26後楽園の開幕戦でジャスティスとタッグ対決

当時は「デストロイヤーがエースになったシリーズは観客動員が安定して、売り興行が増える」という定説があったが、このシリーズも例外ではなく、全35戦のほとんどに満員マークがついた。猪木は馬場とのコンビでインタータッグを2度防衛（9月28日、大阪府立体育館でデストロイヤー、ゴールドマンを2対1で撃破。猪木は3本目にジャーマンでゴールドマンをフォール。11月1日、蔵前国技

11・1蔵前で馬場と組んでデストロイヤー&オースチンと対戦。2対1でインタータッグ王座防衛に成功

館でデストロイヤー、オースチンを2対1で撃破。猪木は1本目にデストロイヤーをコブラツイストでギブアップさせたが、2本目にパイルドライバーでデストロイヤーにスリーカウントを奪われた。3本目は馬場がオースチンを逆片エビ固めで撃破）。吉村と組んだアジアタッグはオースチン、アトミックを相手に3度防衛（正確には、2度目の山形市体育館での勝利にはオースチン組からクレームがついたため試合後に王座返上し、10月30日の岐阜市民センターは決定戦となり、猪木組がスッキリ勝って再度王座に返り咲き）。猪木にとって、ワンシリーズに5回のタイトルマッチというのは「新春チャンピオン・シリーズ」に続く最多数字だったが、終始絶好調をキープして常に試合の主導権を握っていた。倍賞美津子さんとの交際が順調に進んでいたことで、プライベートな面で充実していたこ

とが大きかったと思われる。加えて前述したようにシリーズ中に「12月2日、大阪でドリー・ファンク・ジュニアのNWA世界に挑戦」ということが記者発表されており、猪木としては張り切る材料ばかりの状況だった。

シリーズ中の10月5日、毎週日曜日の夜6時から30分の枠で「NETヤング・プロレスリング」という番組がスタートした。これはTBSが10月4日（土曜）深夜0時30分から「ヤングファイト」の番組名で（国際プロレスの）若手試合を放送開始したことに対抗したものだったが、見るほうとしては大変な「プロレス番組の飽和状態」の到来だった。週2回の日本プロレス（日本テレビ、NET）、TBSの国際プロレス、東京12チャンネルの「プロレスアワー」（10月からは、初回からの再放送が加わったため週2回）に加えて、この若手中心の番組が一気に二つ増え、さらに10月2日（木曜日）からは日本テレビでアニメの「タイガーマスク」が始まったので、これも見逃すわけにはいかなかった。小学校6年生だった私は深夜の「ヤングファイト」まで起きていられなかったので見ていないが、残りの番組は漏れなく見ていた。「ヤングプロレス」と「ヤングファイト」は翌年3月までの半年間（2クール）だけだったが、日曜日の「ヤングプロレス」では高千穂明久、永源遙、駒厚秀、安達勝治、木戸修、戸口正徳、柴田勝久、藤井誠之、林牛之助、轡田《くつわだ》友継、ミスター珍らが毎週好試合を繰り広げ、打ち切りになったときは「残念だなあ。ずっと継続して欲しいのになあ」と思ったものである。この番組で最もメリットを享受したのは「21歳の美少年」高千穂で、番組に毎週のように登場して人気がウナギ昇り。翌年4月の「第12回ワールドリーグ戦」では、遂に日本陣営8人の中に抜擢されて悲願の初出場を果たすことになった。

12・2大阪府立体育館でドリーvs猪木のNWA世界ヘビー級王座戦が実現（写真は当日のチケット半券）

NWAシリーズ

ドリーとの歴史的名勝負は大晦日の夜にお茶の間に流された

前シリーズ最終戦から中8日を置いて、年間ラストとなる「NWAシリーズ」が11月14日に開幕（12月14日の足立区体育館まで全16興行と、若干スカスカ日程）。シリーズを通しての参加組はハーリー・レイス、ダニー・ホッジ（NWA世界ジュニアヘビー級王者）、ブル・ラモス、エディ・サリバン、ジョニー・ウォーカー、キラー・オースチン（残留）の6人で、11月28日から12月5日までの7興行にドリー・ファンク・ジュニア（初来日＝NWA世界ヘビー級王者）と父親のドリー・ファンク・シニアが特別参加した（日本陣営にもヒロ・マツダが特別参加）。このシリーズも猪木は4回のタイトルマッチに出場したが、何と言っても注目されたのは12月2日、大阪府立体育館におけるドリー・ファンク・ジュニアとのNWA世界タイトルマッチだった。翌3日の東京体育館では2日の勝者に馬場が挑戦することが発表されており、猪木は死んでも負けられない状況にあったが、11月28日のインタータッグ防衛戦（蔵前国技館＝ドリー、

大一番を前に握手する挑戦者・猪木とNWA世界王者ドリー（11月27日）

ホッジ組に1対1から時間切れ引き分けで防衛）で左手薬指、中指を脱臼（ほぼ骨折）するアクシデントに見舞われていたので、新聞の下馬評では「ドリーが勝って、翌日の馬場戦に進む」ことが確実視されていた。

私は蔵前のインタータッグ（日本テレビの生中継）は当然、見ていたが、試合中のどの段階で猪木が脱臼したか、については判らなかった（テレビアナウンサーも言及していない）。負傷を知ったのは翌日のスポーツ新聞だったが、「12月2日のNWA戦に暗雲」というニュアンスでは書かれていない。これが「猪木ピンチ！　左手はほとんど使えない」みたいな書き方をされたのは12月1日のアジアタッグ（猪木、吉村対ドリー、レイス＝日本組が反則含みの2対1で辛勝。猪木はフォールに関係せず）を報じた東京スポーツ（12月2日の夕方に発行）で、これを水戸駅

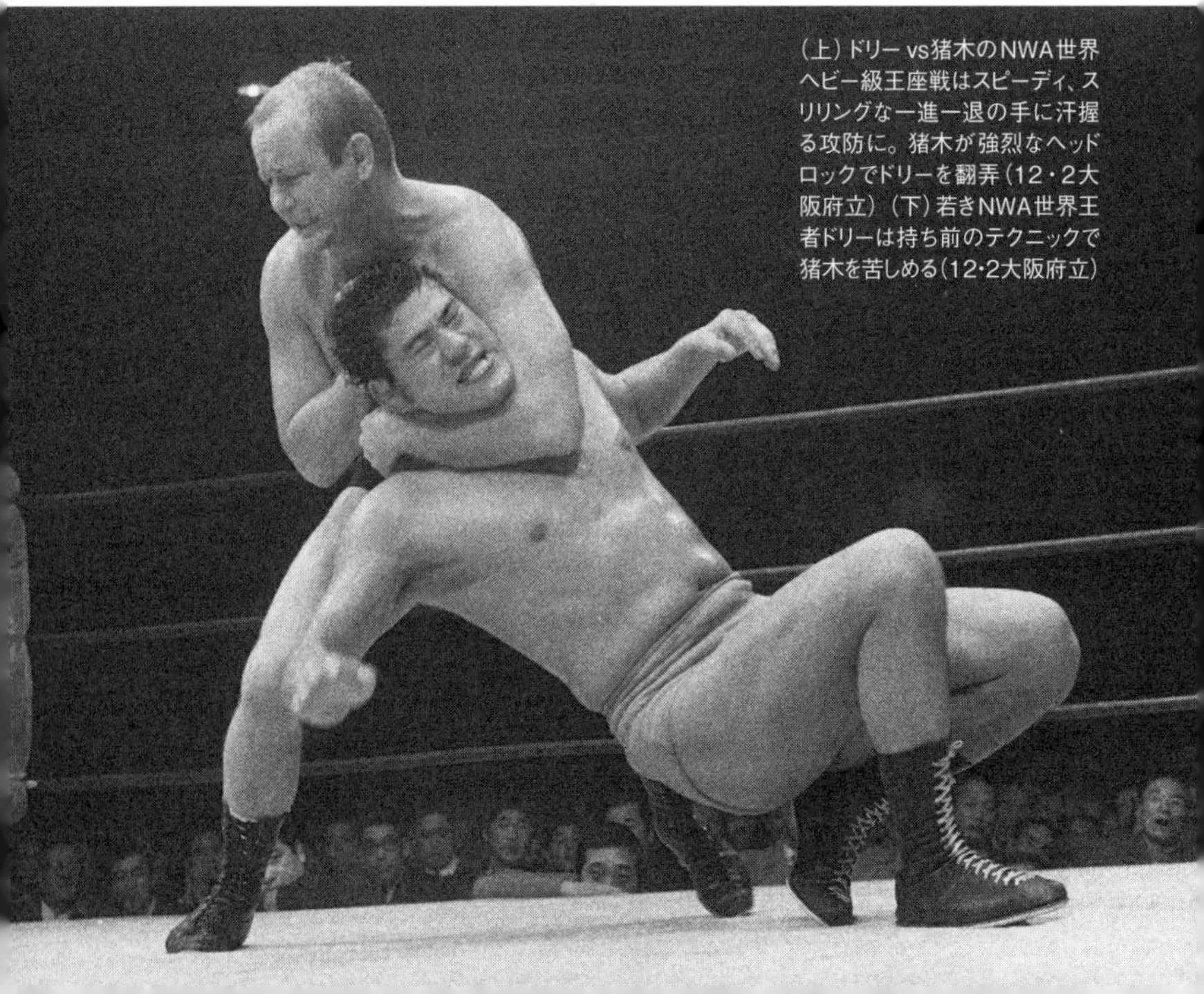

（上）ドリー vs猪木のNWA世界ヘビー級王座戦はスピーディ、スリリングな一進一退の手に汗握る攻防に。猪木が強烈なヘッドロックでドリーを翻弄（12・2大阪府立）（下）若きNWA世界王者ドリーは持ち前のテクニックで猪木を苦しめる（12・2大阪府立）

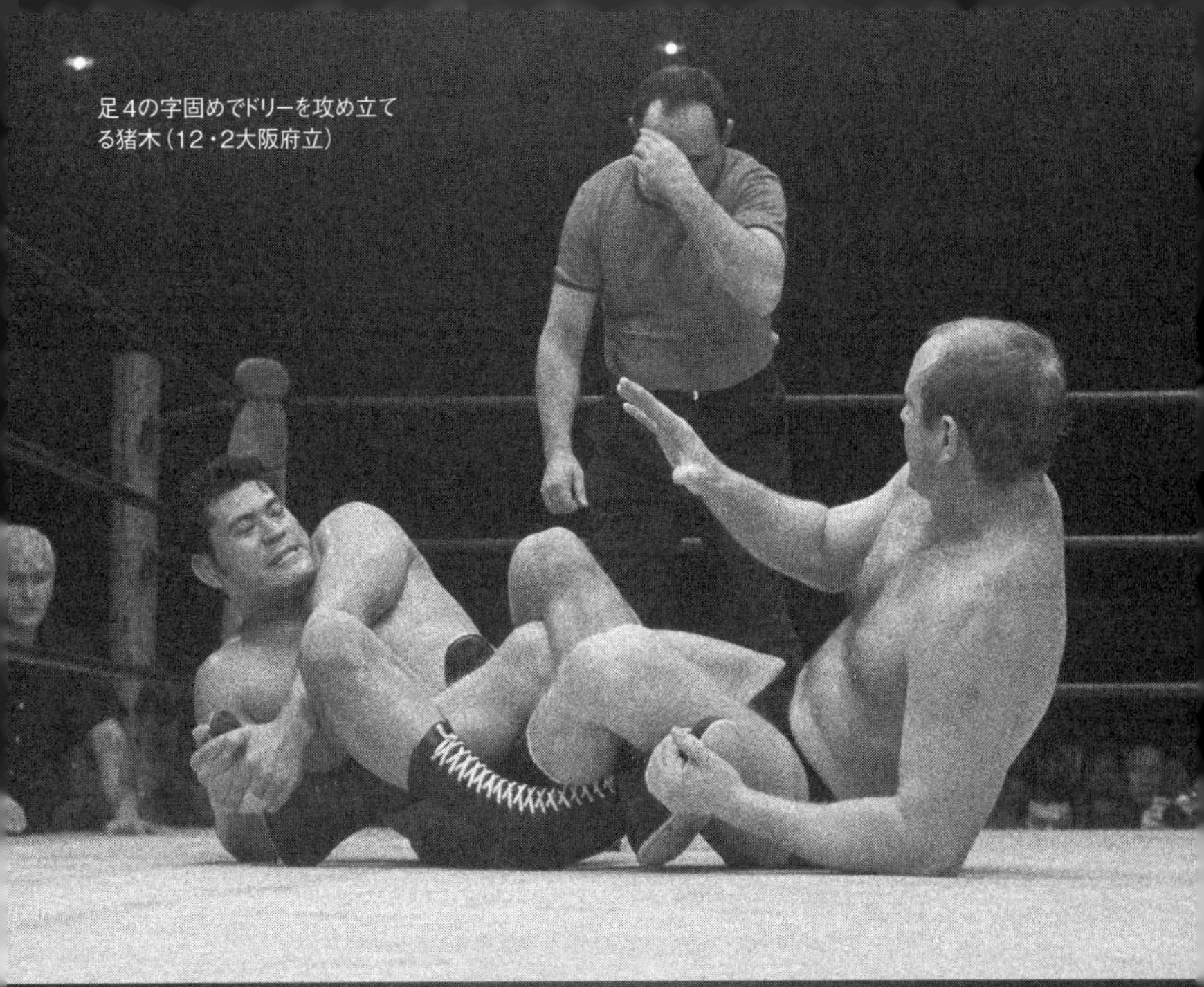
足4の字固めでドリーを攻め立てる猪木（12・2大阪府立）

終盤、猪木がブレーンバスターで猛攻（12・2大阪府立）

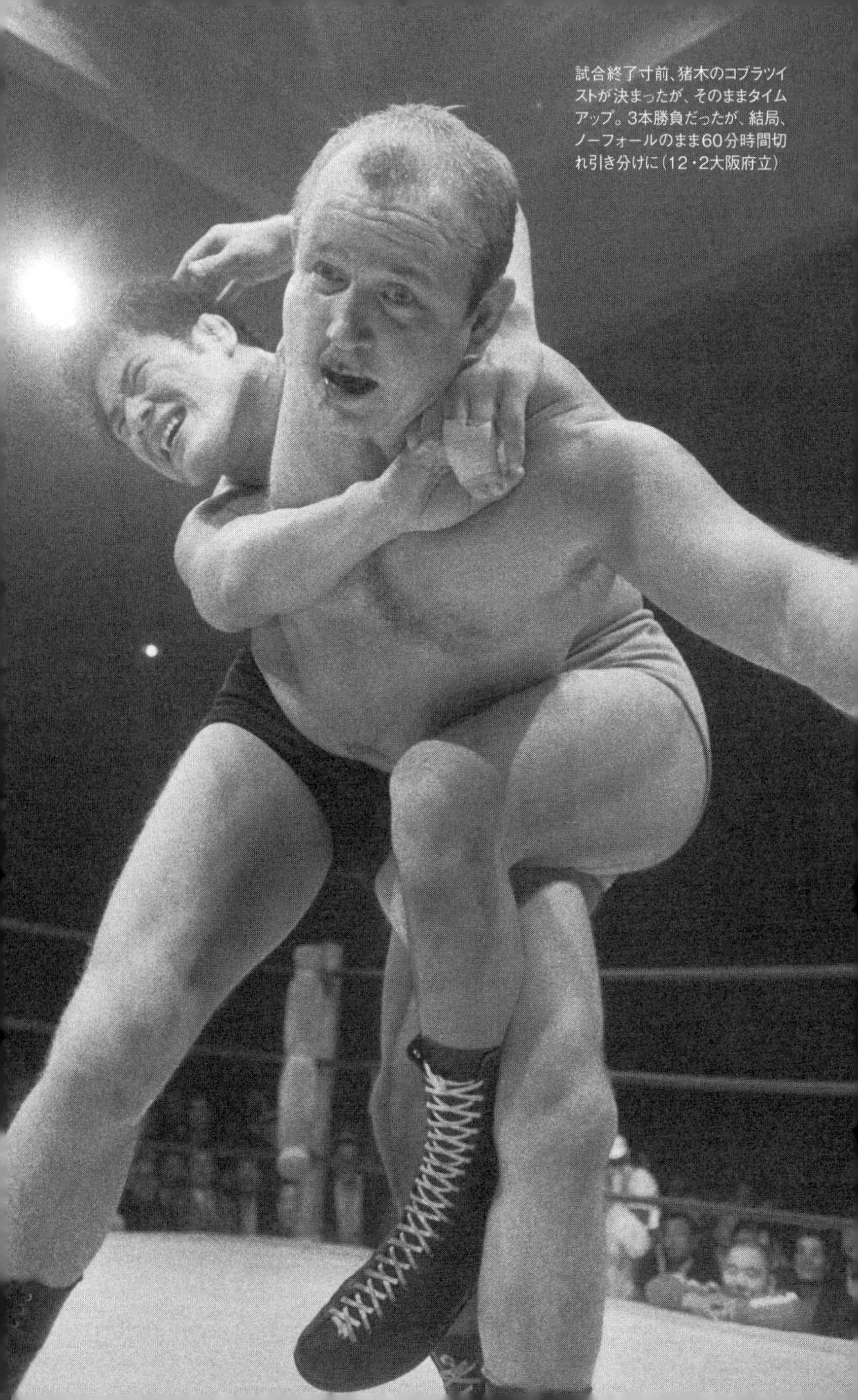

試合終了寸前、猪木のコブラツイストが決まったが、そのままタイムアップ。3本勝負だったが、結局、ノーフォールのまま60分時間切れ引き分けに(12・2大阪府立)

猪木と引き分けてNWA世界王座防衛を果たしたドリー。父のドリー・ファンク・シニア（右）、レイスが祝福（12・2大阪府立）

で買った私は「左手が使えない？　マジかよ！　そんなハンディをしょって勝てるわけがないな！」と落胆した。当時、日本テレビは夜10時54分から4分くらい「スポーツニュース」を流していたので、ドキドキしながら速報を待っていたが、「猪木とドリーは60分ノーフォールで引き分け」と画面（ハイライト場面がハンディカメラで2分くらい流された）に出たときはホッとした。正直「負けなくて良かった」というのがあの時の本音で、7年後のモハメッド・アリ戦が終わったときに、日本武道館の2階席で抱いた感情にそっくりだった。

12月2日は火曜日だったので、当然、翌日（12月3日）の「ワールドプロレスリング」で流されると思ったがさにあらず、なんとNETは11月29日の静岡県駿府大会（猪木、吉村、マツダ対ドリー、シニア、レイス）を流

12・4札幌ではインタータッグ選手権でドリーと激突（馬場&猪木vsドリー&オースチン）。1対1からの3本目、猪木がコブラツイストでドリーからギブアップを奪い、BI砲が王座防衛に成功

した。日本テレビが（3日の）馬場・ドリー戦を5日に録画中継したので（NETに対し）「我々より先にNETがNWA世界戦を流すのはダメ」というプレッシャーをかけたのかな？と思ったがそうではなく、なんとNETテレビは大晦日（12月31日＝水曜日）まで猪木・ドリーの60分フルタイム戦を「温存」したのだから仰天した。NHKの「紅白歌合戦」（同じ時間帯）に対抗したものだったが「試合から29日遅れ」の録画放送（夜9時～10時のレギュラー枠）ではいくら名勝負とはいえ「賞味期限」が切れており、私のようなマニア層でない限り見ないような気がした。私はこの大晦日に親戚に不幸があったので、父と一緒に常陸太田市（水戸から北に車で45分くらい）にある「枕石寺《ちんせきじ》」という立派なお寺に行っていたが、夕方まで

法要があったので、水戸の自宅に戻れたのは夜9時の1〜2分前だった。猪木・ドリーが始まったのが9時だったのでギリギリセーフだったが、２０２３年正月にCSで流された猪木の追悼番組でこの猪木・ドリー戦が流されているのを見ながら、54年前の大晦日を思い出していた。

ドリー親子が帰国したあとの12月13日（葛飾区体育館＝猪木対オースチン）、12月14日（最終戦の足立区体育館＝猪木、大木、吉村対ラモス、レイス、ホッジ）は共にNETで（17日と24日に録画中継され、日本テレビは19日にインタータッグ（12月4日の札幌＝BIコンビがドリー、オースチン組を相手に2対1で勝利）、26日にドリー最終戦（12月5日の北海道・室蘭富士鉄体育館、馬場、猪木、大木対ドリー、レイス、ラモス）を流して「我々はNETと違って、NWA王者ドリーが出ている試合をやってますよ。あちらさんは単なる消化試合ですよ」と言わんばかりのカードを連発したのが印象的だった。

シリーズ終了後の猪木は海外に行かずに日本に留まり（ブラジルに行く以外、もう海外に行く目的はなくなっていた）、12月27日は北青山の日本プロレス事務所前で恒例の餅つき（馬場、大木は欠席。猪木、吉村、山本小鉄らが参加）を行ったあと、翌日から大晦日までは北沢、柴田、永源の3人を伴って箱根の御浦にあるスポンサー筋の温泉旅館に宿を取って、練習を兼ねた休養に入った。東京プロレス時代から猪木に師事し、のちに新日本にも参加した3人だったのが感慨深い。生涯忘れられない激動の1年を、猪木は箱根山中で静かに終えている。ドリー・猪木の60分フルタイム名勝負は、間違いなくその後の日本プロレス界を変えた歴史的な一戦だったと改めて思う。

1969年春のワールドリーグ戦期間
中に控室で撮影されたポーズ写真

1970年（昭和45年）

猪木が〝週2回地上波露出〟で人気上昇！馬場とほぼ並び立つ存在に

新春チャンピオン・シリーズ

ブラジルに対して大胆不敵な予告卍固め

ボボ・ブラジル、デール・ルイス、ハンク・ジェームス、ルー・クレイン、スカンドル・アクバ、ジン・アンダーソン、オレイ・アンダーソンの7人を招聘して、1月5日から2月4日まで恒例の新春シリーズが開催された。私が最も注目したのは猪木とブラジルの顔合わせで、前年（1969年）の「第11回ワールドリーグ戦」開幕戦（公式戦＝蔵前国技館）で完敗している相手だけに、今回も苦杯を喫するようだと「NETのエース」に対するファンの評価が一気に厳しくなっていくことは明らかだった。

ブラジルは当時46歳。年齢的には全盛を過ぎていたが肉体的には全く衰えておらず、リングに登場した時のオーラは「まさにアメリカの超一流レスラー」そのもの。当時の馬場のインターナショナル選手権をめぐる「常連ライバル」としては、ブルーノ・サンマルチノ、フリッツ・フォン・エリック、ジン・キニスキー、ザ・デストロイヤーと並ぶ「5強」という感じのステータスで、上昇気流に乗る猪木としては何としても崩したい一角でもあった。

シリーズ中に猪木は4度のタイトルマッチに登場した。まず1月5日の大阪府立体育館でブラジル、ジェームスの挑戦を受け、馬場とのコンビでインタータッグ王座を2対0のストレート防衛。ブラジルの異母弟だったジェームスはまだ新人に毛が生えた程度の実力で、1本目に猪木のグラウンド・コブラツイストで、2本目は馬場の16文キックで連続フォールを奪われ完敗を喫した。試合後に控室で、ブラジルに殴り飛ばされて失神するジェームスの写真が翌日の東京スポーツに掲載されたが、「ふがいない弟に怒りの鉄拳制裁」という見出しが妙に印象に残っている。リング上でなく、観客からは見えない控室で起きたというところにリアリティがあり、「ブラジルの真っ赤に充血した両眼には涙が浮かんでいた」という文にはプロレス特有のヒューマン・ドラマを垣間見る思いだった。

2度目のタイトル戦は1月11日、岡山県立津島体育館。吉村とのコンビで保持していたアジアタッグ王座防衛戦で、相手はアメリカ南東部で有名だった初来日のアンダーソン兄弟。この時点では兄のジンのほうが実力的に上でリーダー格をつとめており、弟のオレイを巧くコントロールしていた印象が残っている。1対1からの3本目は猪木がジンをコブラツイストに捉えてギブアップを奪い完勝したが、この試合はノーテレビだったので新聞で結果を読むに留まった。

1月23日の後楽園ホールは生中継で、この日にはセミファイナルで猪木、大木対ブラジル、ジェームスというカードが組まれた。４日後（１月27日）に東京体育館でブラジル、ルイスを相手にインタータッグの防衛戦が決まっていただけに猪木とブラジルの対戦が注目されたが、猪木は１本目にジェームスをエアプレン・スピンでフォールしたものの２本目はブラジルのココバットを食って

（上・下）吉村とのコンビでアンダーソン兄弟を破りアジアタッグ王座防衛に成功（1・11岡山）

フォール負け。3本目もブラジルの反則で一方的に攻められた挙句反則勝ちを拾ったが、本番の防衛戦を前にブラジルという高い壁を見せつけられた形になった。試合後に放送席に降りた猪木は、解説の芳の里のマイクをつかむと、「今日の仇は必ず27日の東京体育館で取る！　ブラジルから卍固めでギブアップを取ります！」と絶叫した。猪木はそれまでにも（試合後の）リング上から何度か「この野郎、戻ってこい。今、決着をつけてやる」的なアジテーションをしたことはあったが、一方的にやられたあと、放送席のマイクを奪って怒鳴ったのはこれが初めてで、これには私も腰を抜かさんばかりに驚いた。しかも、「予告の卍固め」である。切り札の卍固めを久しぶりに出す、しかもターゲットがブラジルとあって「これは無謀だ。必殺卍固めの伝説も、これで終わってしまうのか」という暗い気分にさせられたが、猪木にとっては最初からそこ（ファンの不安を煽って関心を高めること）が狙いだったろう。「マイク・パフォーマンス」などという言葉が生まれる15年くらい前の出来事である。通路でメイン（シングルでオレイ・アンダーソンと対戦）に出る準備をしていた馬場は、おそらく「猪木は、あんなこと、よくやるなあ。俺には恥ずかしくてできないわ」的な思いで見つめていただろう。

27日のインタータッグ本番では1本目に見事、ブラジルの巨体を折り曲げて卍固めを決めギブアップを奪い「後楽園の公約」を果たしてみせた。ただ、2本目はブラジルのココバットで猪木が完璧なスリーカウントを奪われたので、まだまだブラジルを超えたようには思えなかった（3本目は馬場がルイスをフォールして、BIコンビが2対1防衛）。1月29日の愛知県体育館ではブラジルとジン・アンダーソンが組んで猪木、吉村のアジアタッグ王座に挑戦するタイトル戦が組まれたが、ここでは猪木とブラジルによるフォールのやりとりはなく、事実上、東京体育館の攻防が「若獅子対黒い魔神」のラストファイトとして、私の脳裏に今でも強く焼き付けられている。

ダイナミック・シリーズ

鉄の爪エリックからギブアップを奪った「初の腕ひしぎ十字」の真実

このシリーズは2月13日から3月13日の期間に全14興行が開催され、フリッツ・フォン・エリック（2月27日から3月7日まで、8戦のみ特別参加）、プリンス・イヤウケア、ペッパー・マーチン、サンダー・コバックス、ソニー・キング、フィル・ロブレイ、ジム・オズボーンの7選手が招聘された。驚くべきことに、このシリーズは全14興行のうち、2月28日の伊勢市三重県営体育館興行「以外」の13興行がテレビで放送された（日本テレビ7週、NET6週）。この「テレビカバー率」は異常としか言いようがない。極端に言えば一般視聴者に対して「日本プロレスは、わざわざ金を払って会場にいかなくても、あらゆる興行がテレビで必ず放送される」との誤解、先入観を与えるに十分なシリーズとなってしまった。事実、このシリーズは全て満員、超満員の観客動員に成功したが、次の「第12回ワールドリーグ戦」は観客数が急減した。あきらかな「テレビ中継過多」であり、中学入学直前（小学校6年の3学期）で夜はかなり「ヒマ」だった私でさえ、「毎晩プロレス中継ばかりだ。たまには違う番組も見たい」と感じたのを覚えている（公立中学校に進学したので、受験勉強などは一切ナシ）。ちなみに、この１９７０年末の「インター・チャンピオン・シリーズ」に至っ

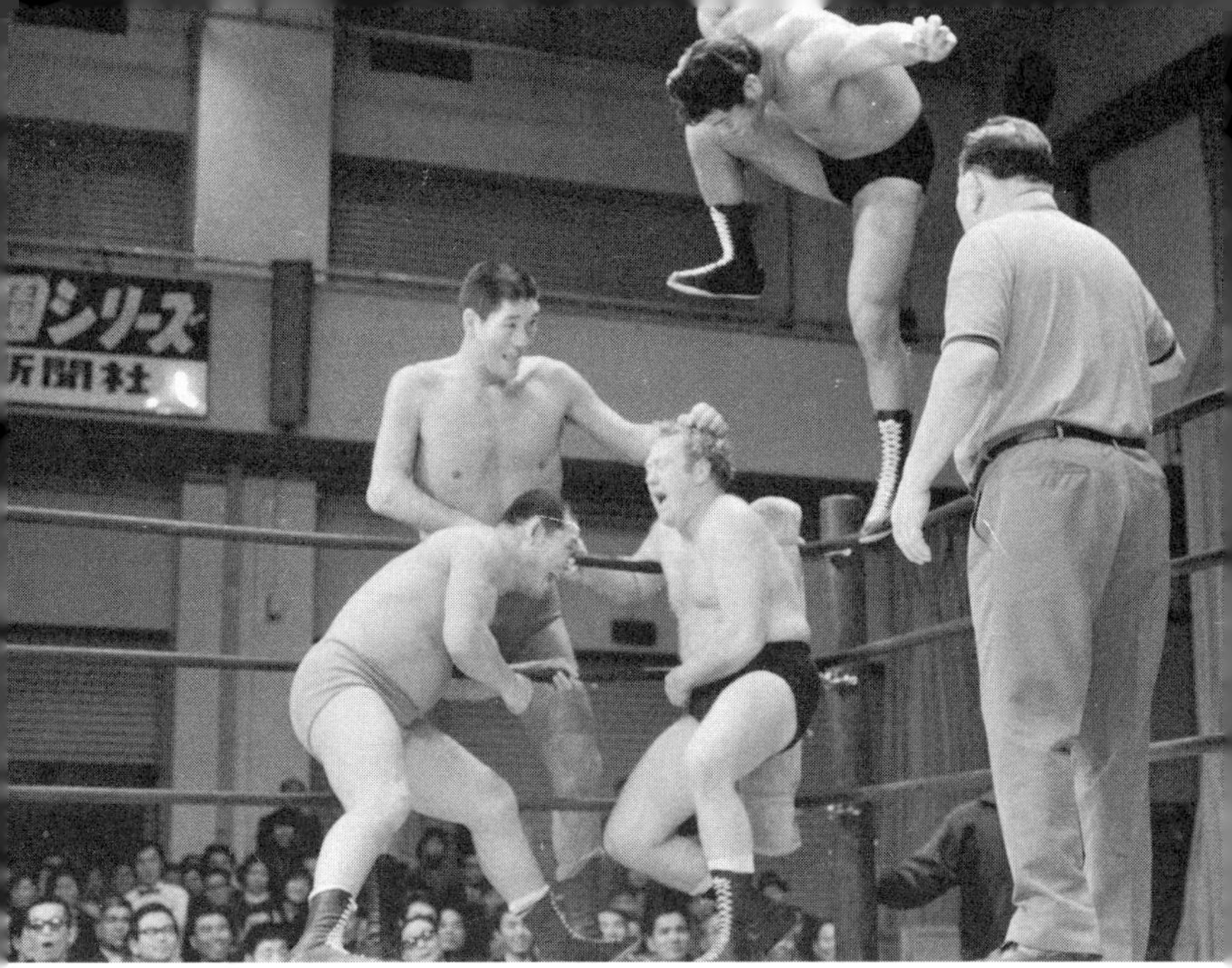

6人タッグマッチでオズボーンにトップロープからキックを浴びせる猪木（2・20後楽園）

ては、シリーズ全興行（14興行）が全部テレビ中継されたのだから、この「ダイナミック・シリーズ」を凌ぐ（？）異常事態だった。とは書いたものの、滅多に見れない超大物、〝鉄の爪〟エリックの試合は確かに迫力満点で、正月を盛り上げたB・ブラジルに続き、週2回の日本プロレス中継タイムは1秒たりとも見逃せない緊張感の連続だった。

猪木は前年秋のシリーズから、フィニッシュのレパートリーにエアプレン・スピン（飛行機投げ）を加えており、このシリーズにも2月26日、大阪府立体育館でのアジアタッグ防衛戦（挑戦チームはイヤウケアとマーチン）の3本目、150キロを超すイヤウケアの巨体を振り回して鮮やかな決勝フォールを奪取している。前年の春から使い始めたカナディアン・スピニング・バックブリーカーの使用頻度は激減しており、「その代わり」という

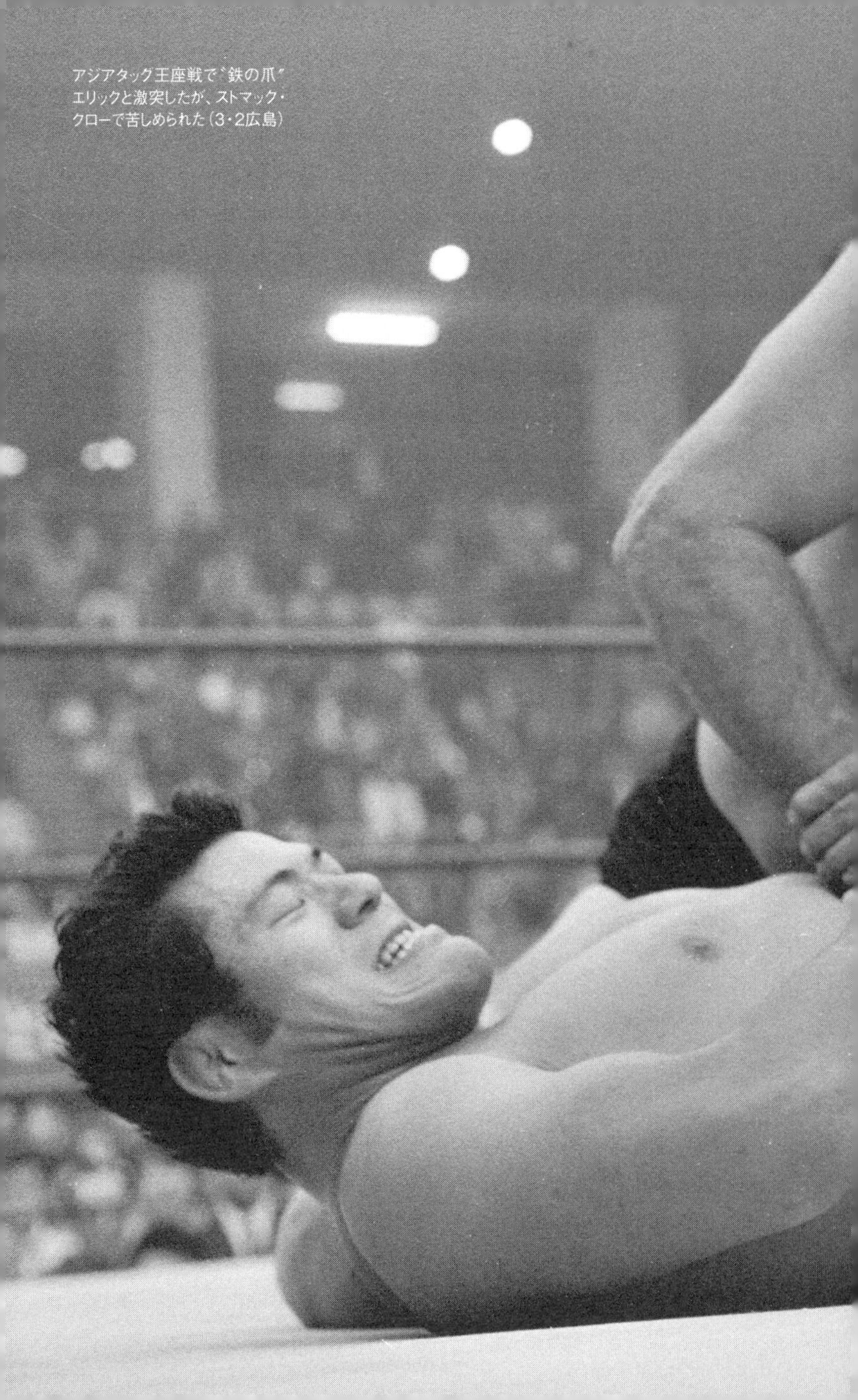

アジアタッグ王座戦で〝鉄の爪〟エリックと激突したが、ストマック・クローで苦しめられた（3・2広島）

感じで使い始めたエアプレン・スピンだったが、フィニッシュとしての説得力がカナディアンよりは上だったと思う。イヤウケアを振り回すには半端ない怪力、特に足腰の強さが要求されたが、猪木の顔には「どうだ！　この大技は、馬場さんや大木さん、吉村さんにはできないだろう。練習量の差ですよ！」とでも言わんばかりの自信に満ちていた。

猪木とエリックが絡むタイトルマッチは2試合あり、それぞれNETと日本テレビで録画放送された。まずNETで放送された3月2日（広島県立体育館）のアジアタッグ選手権（猪木、吉村対エリック、オズボーン）はエリックの一人舞台という感じで、猪木はストマック・クローでギブアップ寸前まで追い込まれ大苦戦。1本目はエリックがレフェリーのユセフ・トルコを投げとばしてシャツをビリビリに破く暴走に及び反則負け。2本目も吉村が前額部を鉄の爪で割られ流血したが、猪木がオズボーンのパンチをかわし、一瞬のスキをついたジャーマン・スープレックスを決めてあざやかな決勝フォールを奪った。このジャーマンは猪木の「ジャーマン・ヒストリー」の中でも3本の指に入る完璧なブリッジで、オズボーンの後頭部が鋭角にマットに叩きつけられる瞬間に、思わず「危ない！」と叫ぶくらいの危険なものだった。後年、有名なストロング小林との初戦（1974年3月19日）で「叩きつけた瞬間に、猪木の両方の足がマットから離れるほどの衝撃」と（絶賛ニュアンスで）書かれることが多いが、そもそもジャーマン・スープレックスは「相手の胴体を強くガット・レンチ状態に固縛し、そのままブリッジしてスリーカウントを狙う」技であり、投げるほうの両

エリック&オズボーンの挑戦を受けたアジアタッグ王座戦の2本目、猪木がジャーマン・スープレックス・ホールドでオズボーンにフォール勝ち(猪木&吉村が王座防衛)。この一撃は猪木史上に残る完璧なジャーマンだった(3・2広島)

足が(キャンバスから)離れてはならない。その意味で、この試合における猪木のオズボーンへの投げでは猪木の両足が「根が生えたように」ピタリとマットに固定されており、安心して見ることができた。

一方、日本テレビで録画放送されたインタータッグ選手権(3月7日、東京・台東体育館の馬場、猪木対エリック、イヤウケア)ではエリックの切り札アイアンクローをめぐって興味深い攻防が見られた。1本目をエリックのキックとニードロップでフォールされた猪木は、2本目に入ると馬場と二人でエリックの右手にターゲットを絞り、徹底的なストンピングで集中攻撃した。アイアンクローを繰り出す右手を、数十回踏みつけられたとあっては、さすがのエリックでも堪らない。猪木は中腰になったエリックを柔道の大外刈りの要領で投げ仰向けにし、そこを「腕ひしぎ十字固め」の態勢で固めた。エリックが瞬時にギブアップしたので決まり手は「腕十字固め」となって残ったが、当時私がテレビで見た限りでは「腕ひしぎ十字」ではなく、単なる「グラウンド状態でのフィンガーロック（エリックの右の指を3～4本、反るように折り曲げた）」だったと思う。つまり正確には「指固め」だったのだが、これが後年、「猪木がやった、初の腕ひしぎ十字によるフィニッシュ。相手はエリック」と書かれ現在に至っていることには違和感を覚える。

3月5日の愛知・刈谷市体育館では日本では初となる猪木・エリックのシングル戦（メインの60分3本勝負）が組まれ、NETで（3月25日に）ノーカット録画放送された。B・ブラジルの稿でも書いたようにエリックは「馬場の5大ライバル」の一人だったので、この試合は「猪木と馬場の実力差」判定における極めて重要な一戦だった。1本目は21分14秒、エリックがニードロップの連発で体固め。2本目は猪木が15分10秒、逆さ押さえ込みでタイのフォール。3本目は5分16秒、両者リングアウトだったので試合時間の合計が41分50秒という長期戦となり、私のメモには「両者のスタミナがすごい。エリックのジャンプ力も猪木に劣らない」とある。エリックは1929年生まれの40歳で、27歳の猪木を相手にミッチリ41分戦ったのだから大したものだった。B・ブラジルに比べると「やや、エリックのほうが攻略しやすい」というのが当時の私の印象だったが、どう贔屓目に見ても、猪木が依然「ガイジン5強の高い壁」を崩せなかったことは事実だった。

第12回ワールドリーグ戦に〝殺人台風〟ジョナサンが参加（写真は4月2日の公開練習で得意のハイジャック・バックブリーカーを披露）

第12回ワールドリーグ戦

ワールドリーグ前年覇者・猪木は低迷

4月3日（後楽園ホール=生中継）から5月29日の決勝戦（日大講堂=生中継）までの8週間（全48興行）という超ロングラン・シリーズとなった〝春の本場所〟には、ドン・レオ・ジョナサン、クリス・マルコフ、ターザン・タイラー、ダッチ・サベージ、ザ・コンビクト、ネルソン・ロイヤル、ポール・ジョーンズ、パンピロ・フィルポの8人が招聘された。決して悪いメンバーではなかったが、それまでに私が見てきた2回（1968年、1969年）と比較すると、ややインパクトに欠けた印象が残っている。日本陣営はリーグ戦連覇を

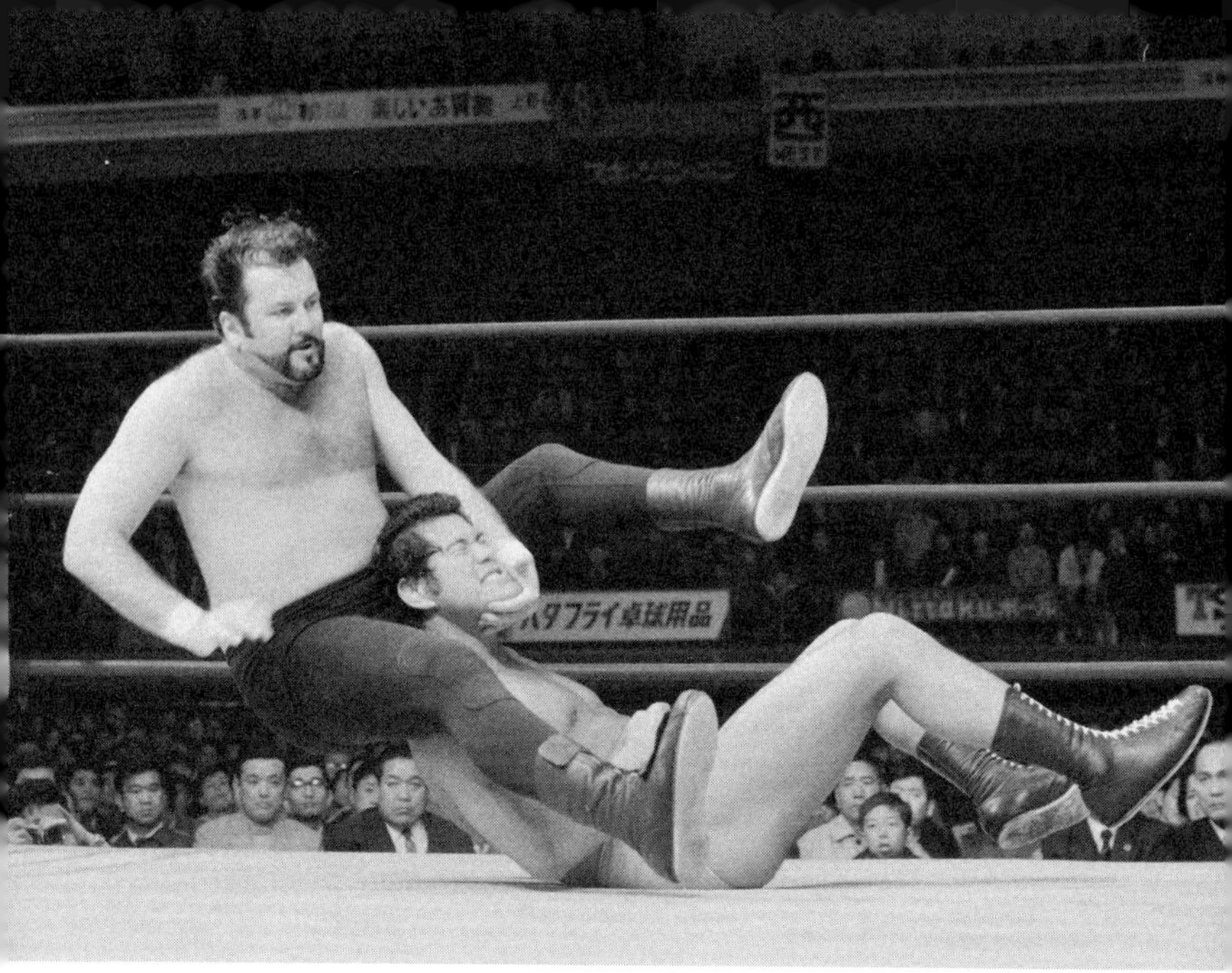

サベージにシングルマッチで勝利（4・4東京・台東）

目指す猪木を筆頭に馬場、吉村、坂口、山本、ヒライ、大熊、高千穂の8人で（大木はテキサス遠征中、星野はメキシコ遠征中で不参加）、やはり馬場、猪木に対してライバル意識を剥き出しにする大木がいなかったことが、全体的な盛り上がりを欠いた決定的要因だったように思う。

第5戦（4月8日）は私が住んでいた水戸市の茨城県スポーツセンターで開催されたので、両親に小遣いを前借りして前売り券（たしか1階席の前から8列目くらい）を買い、初めて生で日本プロレスを観戦した。それまでに同地で国際プロレスを2度、生観戦したことはあったが、「ナマ馬場」は初体験。猪木はその2週間くらい前、水戸市内の泉町にあった「伊勢甚百貨店」の屋上でサイン会を行っており、そこでサインと握手をしてもらったので、至近距離で見るのは2度目だった。

試合当日は私が進学した「水戸市立第二中学校」の入学式当日だったので、昼過ぎには家に戻って夜に向けての「スタンバイ」をしていた。レスラーが会場入りするところから見たかったので、3時からスポーツセンターの入り口で待機していたが、選手達が到着したのは4時半くらい。それでも、2メートル近いジョナサンが目の前を歩いて通りすぎたときの感激は、53年後の今でも忘れられない。ただただ「デカい！　スゲえ！　これでも人間か？」というシンプルな驚きだったが、あれが私にとっての「ガイジン・レスラー原風景」である。

5時半に開場となり館内に入ってパンフレット（100円）を購入、最後のページに押してある青いスタンプを確認する。この頃は事前にカードが一切発表されていなかったので、会場に入らないと組み合わせはわからない。メインが猪木、吉村対ロイヤル、ジョーンズ、セミが馬場対サベージ、その前がジョナサン対大熊だったので「まあまあだな」と安心したが、欲を言えばジョナサンと馬場、ないし猪木が絡むカードを見てみたかった。

6時半に試合が開始されたが、館内を見渡すと意外にも「多く見積もっても」7割の入り（発表は4000人）。2階席は半分も埋まっておらず、テレビ中継の過多が観客動員に悪い影響を及ぼしていたことを再認識させられた（NET中継は4月6日、毎週月曜日夜8時からの1時間枠に移行し、生中継も可能に）。第5試合に囚人服姿のザ・コンビクトが登場して戸口正徳、永源遙を相手にワンサイド勝利したが、単なる「ゲテモノ」としか思えず、「怪物」というオーラや迫力は感じなかった。そのあとに登場したジョナサンは正真正銘の怪物で、大熊を片手でコーナーポストに

ジョナサンとタッグ対決（4・18
北海道・旭川）

〝囚人男〟コンビクトをワールドリーグ公式戦で一蹴（5・8宮崎）

乗せ、そこにドロップキックを叩き込んだときは息を飲んだ。最後は大の字になった大熊めがけ、奇声もろともサンセット・フリップ（実際にはヒジを相手の胃袋周辺に落とす）2連発を落として完勝したが、「これぞ超一流」の貫禄を見せつけて場内を凍りつかせた。セミファイナルは馬場がリーグ戦公式戦に登場し、曲者ダッチ・サベージをジャイアント・バックブリーカーでギブアップさせ完勝。ガイジン8人衆の中ではジョナサンに次ぐ伏兵と思われただけに、サベージの完敗は意外だった。そのあとのメインはネルソン・ロイヤルの巧者ぶりが際立った思い出があり、3本目に猪木のバックドロップでスリーカウントを奪われた直後、「そんなの効いてないぞ」とばかりスックと立ち上がったシーンが最も脳裏に残っている。馬場、猪木の試合を初めてナマで見た興奮は家に帰っても醒めること

ワールドリーグ公式戦でジョナサンから値千金の勝利を挙げた（5・22長野・松本）

がなく、夜遅くまでパンフレットを何回も眺めながら、すべての試合を反芻したのが懐かしい。

リーグ戦の優勝争いでは馬場が終始トップを快走し、猪木は5月6日に熊本でサベージと両者リングアウト、19日に大阪でマルコフに反則負けしてマイナス1・5ポイントを喫し、早々と優勝戦線から脱落の様相を示した。22日の松本ではジョナサンをブレーンバスターで投げてスリーカウントを奪い意地を見せたが、馬場がマイナス1ポイント（マルコフ、ジョナサンと引き分け）で押さえたために決勝進出はならなかった。猪木自身の試合ぶりに「俺は去年優勝したので、今年は馬場さんの優勝でいいや」的な雰囲気が感じられ、リーグ公式戦でジョナサンに勝ったことで満足しているように思えた（馬場はジョナサンと公式戦で30分時間切れ引き分け、決勝戦は2対1で快勝）。前年に猪木と決勝を争ったマルコフもこのリーグ戦は精彩を欠き、猪木と同様「決勝はジョナサンに任せておこう」と妥協したような風情の2カ月だった。

この時期は大阪の千里丘陵で「日本万国博覧会」が開催されており、カメラ・マニアのジョナサンはロイヤル、ジョーンズ、フィルポを連れて2日連続で万博会場に赴く記事が各スポーツ新聞に掲載されていたが、性格の陰湿なマルコフが「オフタイムに観光に誘われる」ことはなかったようだ。引退してから多くのOBに話を聞いた中ではダッチ・サベージの性格も相当問題があったようなのだが、サベージは親分のジョナサンと同じ地区（北西部太平洋沿岸）をホームリングにしていただけに、そのあたりは巧妙に「ジョナサンにだけ」はゴマをすって難を逃れていたのだろう。8人のレスラーが2カ月も同じ行程で旅をしなければならないのだから、人間関係が複雑になるのは当然である。私はサンフランシスコに駐在時、同地に住んでいたペッパー・ゴメッツ（前年のワールドリーグに参加）にマルコフの素行の悪さを何度も聞いたものだったが、「イヤな奴」と一緒に旅をするのはさぞかし苦痛だったろう。この時代、「イヤな奴」のレッテルを張られたら最後、プロレス界では上にいけなかった（まあ、どの世界でも一緒だったかもしれないが）。最終的には、「イヤな奴」はレスラー仲間からなんらかの「制裁」を受けて、フェイドアウトを余儀なくされた。そういった古き時代のプロレスラー同士の団結というか、むしろ「特殊な村社会の横断関係」みたいなユニオンが、私はすごく好きだ。

第1次ゴールデン・シリーズ

日系レスラーの大物・キンジ渋谷の猪木評

ワールドリーグ決勝戦からわずか「中2日」を置いた6月1日、「第1次ゴールデン・シリーズ」が開幕（埼玉・飯能市体育館＝NETで生中継）。7月4日までの5週間に24興行という中規模のシリーズで、参加メンバーはキラー・カール・コックス、ドン・カーソン、アサシンズA（トム・レネスト）、アサシンズB（ジョー・ハミルトン）、フレッド・バロン、ウッディ・ファーマー、ボブ・グリフィン、キンジ渋谷の8人。渋谷が日本陣営に入ったことで連日ガイジン勢（の一人）と当たったため、山本、大熊、ヒライ、高千穂らの「リーグ戦参加中堅グループ」が日本人若手を相手にせざるを得ない組み合わせが多く見られた。キンジ渋谷はこのシリーズ、カーソンがグリフィン、バロン、ファーマーに嫌がらせをする場面を何度も目にして、度が越した際には何度か注意に及んだという。前シリーズのマルコフ同様、どのシリーズにも「チンピラ」は混じっていたようだ。

猪木は開幕戦のメインで渋谷とコンビを組み、覆面コンビのジ・アサシンズと対戦。この時のアサシンズはまだオリジナル・バージョン（レネストとジョー・ハミルトン）で、歴代のアサシンズの中で最高の評価が高い。1本目はAが渋谷をネックブリーカー・ドロップでフォールし、2本目は渋谷がチョップの連打でBからタイのフォール。3本目は場外乱闘となり両者リングアウトの引き分けとなったが、猪木は終始キンジ渋谷の引き立て役に徹した感じで、アジアタッグ戦（6月8日、愛知県体育館）で挑戦者となる初対決のアサシンズを品定めしていた感じだった。猪木は「弟

シリーズ開幕戦の6・1埼玉・飯能大会で日系の大物、キンジ渋谷とタッグ結成

分」のマサ斎藤がロサンゼルス、サンフランシスコ地区で公私共に渋谷の世話になっていたことを知っており、渋谷は巡業中のオフ日に一度、猪木に夕食に誘われて同席したという。渋谷の「猪木さんは義理固い」という評価は、聞いていて心地良かった。

このシリーズはエース・ガイジンのコックスが馬場のインター・シングル王座に挑戦（7月2日、大阪）したため、「敢えて」猪木とコックスのシングル戦が組まれることはなかった。二番手のカーソンとは6月17日に山口県体育館で対戦してリングアウト勝ち。アサシンズのAとBにもシングルで完勝しており、馬場、猪木のライ

〝覆面暗殺団〞アサシンズを相手に躍動（写真は6・8愛知、猪木&吉村 vsアサシンズ A& B、アジアタッグ選手権）

バル関係状況ウォッチでいえば最終戦（7月4日、東京体育館）のインタータッグ戦（馬場、猪木対コックス、カーソン）のみが注目のカードだった。7月2日、コックスとのインター戦は1対1から3本目が（馬場の）反則勝ちだったので、インタータッグは「馬場がスッキリとコックスをフォールして有終の美」を予想したがさにあらず、1本目が日本組の反則勝ち、2本目は馬場がカーソンを血ダルマにし、猪木がコブラツイストでカーソンから完璧なギブアップを奪う完勝だった。テレビを見ていた私はあまりのワンサイドに驚いたが、おそらくドン・カーソンはインタータッグの挑戦者チー

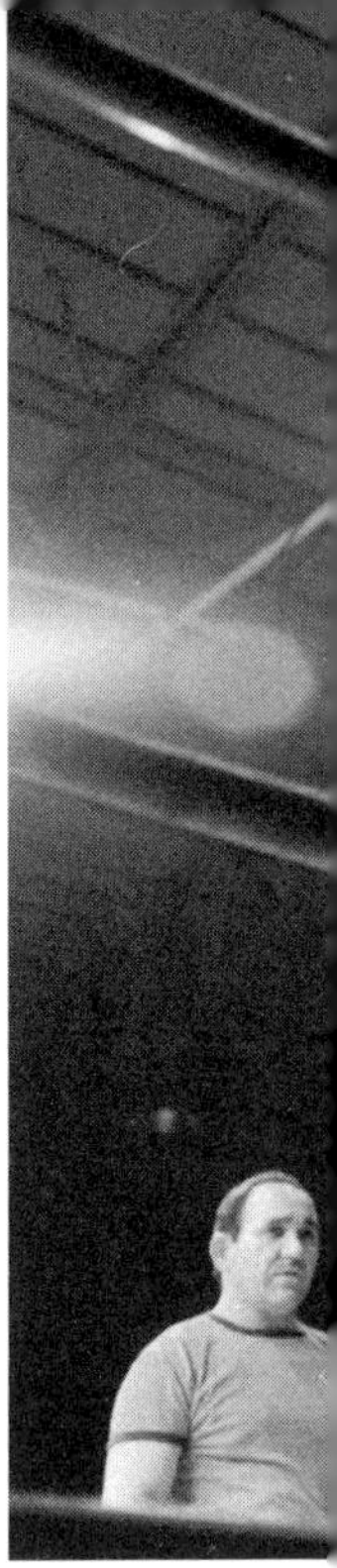

ムに抜擢されたレスラーとしては正月のハンク・ジェームスと並び「プアレスト」、最弱だったと思う。

このシリーズ中、女性週刊誌が「アントニオ猪木と倍賞美津子が婚約」というトップ記事を書いて発売し、猪木は巡業中に一般マスコミの対応に四苦八苦。専門誌の『プロレス&ボクシング』（週刊プロレスの前々身）も清水一郎（日本テレビのチーフ・アナウンサー）の司会で猪木・倍賞対談を巻頭で組むなど、猪木に関してはプライベートな話題で一色となった。二人とも「良いお付き合いをさせてもらっているが、結婚は考えていない」というトーンに終始していたが、もうこの段階で心を決めていたことは間違いないだろう。

第2次ゴールデン・シリーズ、ワールド・チャンピオン・シリーズ

猪木も脱帽したNWA王者ドリーの本当の凄みとは?

「第1次シリーズ」の最終戦から「中1日」しか置かずに、7月6日に「第2次」のゴールデン・シリーズが開催された。売り興行がバンバン入っていた絶頂期らしい過密日程だが、なかなか東京に戻れない「家族持ち」の日本人レスラーは「せめて1週間くらいのシリーズ・オフ」が恋しかったであろう。参加ガイジン・レスラーはムース・ショーラック、ブルート・バーナード、レジー・パークス、ニック・コザック、ピエール・レグラン（レ・グラン）、ジャック・アームストロング、チコ・

ガルシアの7人で（ガルシアは7月14日の北海道・苫小牧大会で膝に重傷を負い帰国）、7月27日から8月5日（最終戦）までの8興行のみ、NWA世界ヘビー級王者のドリー・ファンク・ジュニアとテリー・ファンクが加わった（テリーはこれが初来日）。この終盤戦8興行は「ワールド・チャンピオン・シリーズ」と名称を変え、パンフレットも違う表紙のバージョンが新たに作成されている。

ファンク兄弟が来るまでの期間における猪木のタイトルマッチは7月13日、札幌中島スポーツセンターにおけるアジアタッグのみ（挑戦者チームはショーラック、コザック）。これはNETで生中継されたが、猪木はショーラックの150キロ近い巨体を軽々とボディスラムで叩きつけ、絶好調ぶりを見せつけた。3本目はコザックをブレーンバスターからエアプレン・スピンで振り回して完璧なスリーカウントを奪い快勝。吉村もレフェリー（ユセフ・トルコ）の背中越しにトリッキーなドロップキックをコザックに叩き込んで1本目を先制するなど、44歳ながらまだまだ若さ一杯の動きを披露した。この時期の猪木が使っていたフィニッシュは、コブラツイストを軸にブレーンバスター、ジャーマン、エアプレン・スピン、バックドロップ、そして卍固め（5月20日の大阪でマルコフをギブアップさせてから、8月28日のミステリー・オレゴン戦までは不発だったが）の6種類だった。日本プロレス復帰直後によく使っていたアントニオ・ドライバーは封印していた（腰への負担軽減？）が、逆に若手時代に使っていたネックブリーカー・ドロップは痛め技として復活させており、フィニッシュ・ホールドのレパートリー的には「もうこれで十分。これ以上増やすと逆に6大必殺技の確実性が減るから、やめてほしい」という感じだった。

ファンク兄弟（当時はザ・ファンクスという呼称はなかった。ファンクスと言われだしたのは全日本プロレスになってから）が参戦した8興行も、うち7興行がテレビ中継された（NET4週、日本テレビ3週）。初戦は7月27日の大田区体育館で、相手は猪木、吉村のアジアタッグ王者コンビという豪華カード（NETで生中継）。1本目は猪木がコブラツイストでテリーからギブアップを奪ったが、2本目はテリーとドリーが連続して吉村をダブルアーム・スープレックス（当時の呼称はテキサス・ブロンコ・スープレックス）で叩きつけタイ。3本目は場外でダウンして吉村が動けない状態になり、孤軍奮闘の猪木がツープラトン（この表現も、この試合からスタート）のスープレックスを食い、ドリーにスリーカウントを奪われ完敗を喫した。ノンタイトルとはいえ、現役のアジア

夏のワールド・チャンピオン・シリーズにファンク兄弟が参戦。弟テリーは初来日で、兄弟揃っての参加はこれが初

7・28横浜で猪木vsテリーの初一騎打ちが実現。2対1で猪木が勝利。写真は荒っぽいパイルドライバーで猪木をマットに突き刺すテリー

タッグ王者コンビが完敗を喫したのだからショックは大きく、しかも猪木がドリーから決勝フォールを奪われたことも「ＮＷＡ世界王者との差」をみせつけられた思いで悔しかった（前年暮れの初来日時は、それぞれ取ったフォール数は１つで互角）。

　この大田区大会を報じた東京スポーツが手元にあるが、３面に「この日の外人組控室には、来日中のエディ・グラハムの姿があり、ファンク兄弟らを激励していた」とある。フロリダを牛耳る超大物プロモーターのグラハムは、１９６７年１月、ヒロ・マツダに誘われた国際プロレスの旗揚げシリーズ（表向きは東京プロレスとの合同興行）以来日本には来ておらず、この時に３年半ぶりに来日した理由は一体なんだったのか？　このあと翌年にかけて子飼いのボブ・ループやボビー・シェーン、ジャック・ブリスコらが続々と（日本プロ

レスに）招聘されたことを考えると「ブッキング・ルートの拡大」が目的だったと推測されるが、日本プロレスとの提携が大きな利益を生むことを証明する「表敬訪問」だったと言える。

翌7月28日は横浜文化体育館だったが（NETが録画中継）、大田区体育館の翌日に（距離の近い）横浜文体を使うというのも、日本プロレス絶頂期ならではの超・強気日程だ（共に超満員）。ここでは猪木とテリーの一騎打ち（メインの60分3本勝負）が組まれ熱戦となり、私はテレビの前で「兄貴の七光りじゃないな！　やるじゃないか、テリー・ファンク！」と感心。兄に比べると技のタイミングが雑なのは仕方ないとしても、とにかく思い切りが良い。1本目は放り投げるようなダブルアーム・スープレックスで猪木を投げ先制フォール（11分0秒）を奪い、2本目はそれを逆に返されて（リバース・スープレックス）タイにされたものの（4分5秒）、3本目も優勢に試合を進めての反則負け（4分16秒）。猪木のタイツをつかんでパイルドライバーの態勢にいったものの、自分の太腿の間に猪木の頭部を挟んでいなかったので、猪木のタイツがズリ落ちて白いサポーターが半分くらい見えてしまい、猪木が「このバカ野郎！　やるんなら、ちゃんとやれよ」みたいな表情をしながら（タイツを）元の状態に戻すという「いかにもテリーらしい珍場面」もあったが、それはそれで楽しめた。このシングルマッチがテレビ朝日のアーカイブに残っていないのは残念としか言いようがない。

シリーズ最大の山場は8月2日の福岡スポーツセンターで、ここで8カ月ぶりにNWA世界ヘビー級王座をかけた猪木とドリーの一騎打ちが組まれた（翌日の8月3日、NETで録画中継）。結果は1本ずつ取り合っての60分時間切れ引き分け。1本目は30分38秒にドリーがバックドロップ、

前年12月に続いて、8・2福岡で猪木は再びドリーの保持するNWA世界ヘビー級王座に挑戦(60分3本勝負)。1本目、ドリーのダブルアーム・スープレックスを食らって先制された

（上・下）2本目、猪木はドリーに珍しくウラカン・ラナを繰り出す（8・2福岡）

2本目、フライング・ヘッドシザースでドリーを投げ飛ばす（8・2福岡）

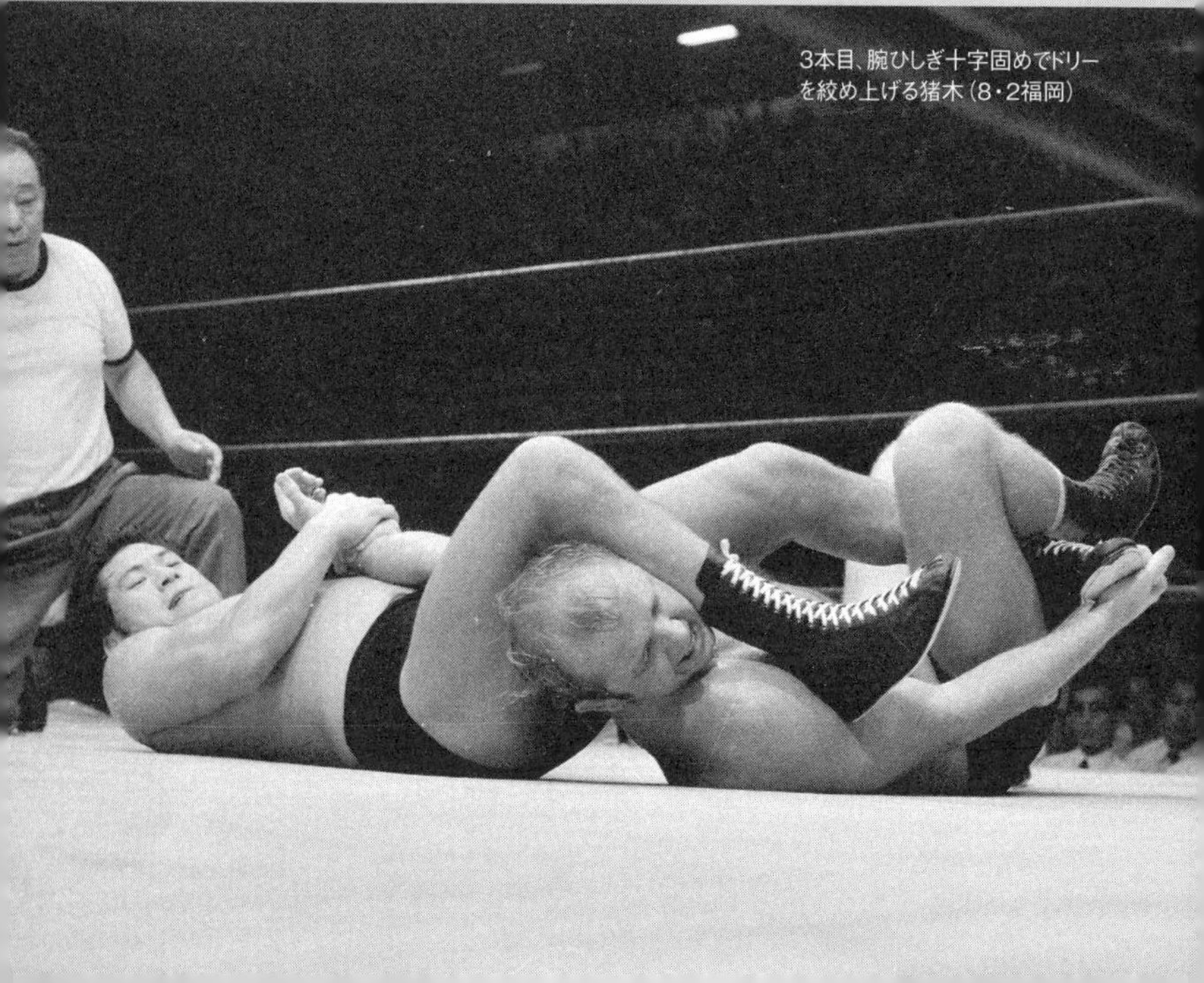

3本目、腕ひしぎ十字固めでドリーを絞め上げる猪木（8・2福岡）

2本目、猪木のジャーマン・スープレックス・ホールドが炸裂。ドリーから3カウントを奪い、タイスコアに持ち込んだ(8・2福岡)

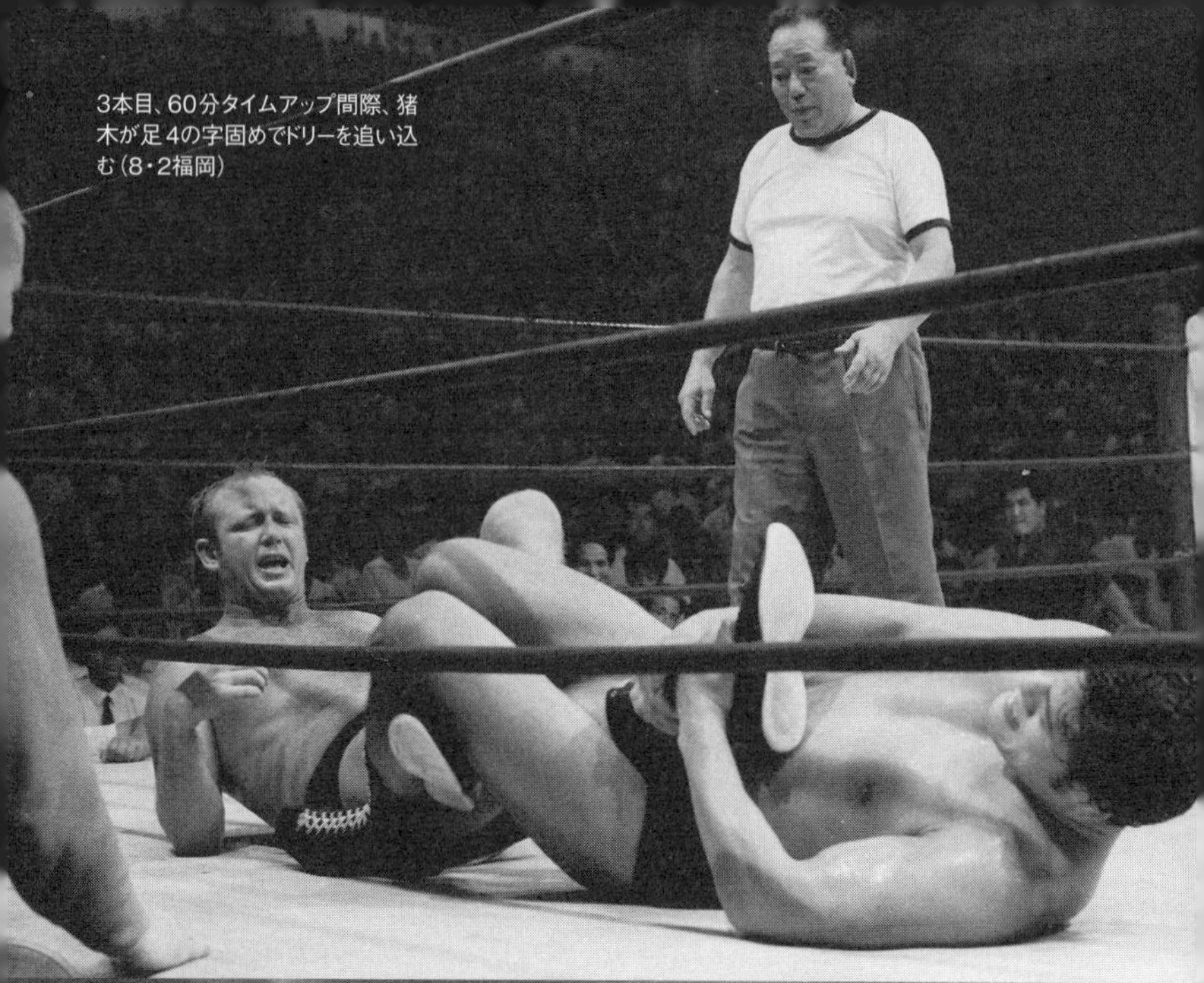

3本目、60分タイムアップ間際、猪木が足4の字固めでドリーを追い込む（8・2福岡）

3本目、猪木はコブラツイストで最後の猛攻をかけるもタイムアップ。試合は1対1のまま60分時間切れ引き分けで、またもドリーからNWA世界王座奪取ならず（8・2福岡）

エルボードロップ、ダブルアームの連続攻撃で先制。2本目は猪木がダブルアームをリバース・スープレックスで返したあと、バックに回ってジャーマン・スープレックスでスリーカウント（7分4秒）。3本目は猪木がブレーンバスター、4の字固め、コブラツイストで追い込んだところでタイムアップのゴングとなった。この試合はテレビ朝日のアーカイブに（ノーカットで）残っており、これまでに何回も繰り返して見たが、ドリーが驚異的なスタミナで優勢に試合を進めた印象だ（特に3本目）。スタミナには絶対的な自信があった猪木も、試合後に「ドリーのスタミナは凄い。リング上の暑さには参った。前回のタイトルマッチに比べて、守りに重点が置かれていたような試合ぶりだったが、チャンピオンとしてのキャリアが自信に繋がっている」とコメントし、自分の劣勢を認めているニュアンスだ（翌日の『スポーツニッポン』に掲載。聞き手は村上保彦記者）。

猪木からNWA世界ベルトを守り抜いたドリーはテリーと共に勝利のポーズ（8・2福岡）

　ドリーは1969年2月にジ

ン・キニスキーに勝ちNWA世界王者となってから1年半が経過した段階だったが、29歳のこの時期は、王者としてもレスラーとしてもピークにあったと思う。翌年（1971年）の11月に来たときは「ごく緩やかなカーブだが、実力的に下降線を描いていた」記憶があるが、とにかくこの1970年夏の来日は完璧な強さを見せつけ、馬場、猪木の二人を圧倒していた（馬場とは7月31日の大阪でインターナショナル選手権をかけてシングルマッチ。1対1から両者リングアウトで引き分けたが、馬場は試合後、熱中症の症状で控室に帰る通路に昏倒）。

2日後の8月4日、東京体育館におけるインタータッグ戦（馬場、猪木対ドリー、テリー）ではテリーに集中攻撃を浴びせてBIコンビがストレート勝ち（1本目はドリーが暴走し反則勝ち、2本目は馬場がテリーを逆片エビ固め）。結果的にはこのインタータッグの完勝が（馬場、猪木の）ドリーとのシングル戦における劣勢を「帳消し」（悪い表現をすればゴマカシ）したような感じで、とにかく私にとっては「ドリーの壁は厚く、高い。馬場、猪木には、まだまだ課題が残されている」ことを再認識させられた夏となった。

サマー・ビッグ・シリーズ

ブッチャーが衝撃の初来日を果たすも、猪木のライバルにはならず

この年の「残暑シリーズ」には目立った大物がおらず、シリーズが開幕するまでは「久しぶりに目玉ガイジンのいない、平穏なシリーズになるだろう」との前評判しかなかった。招聘ガイジン・

1960年代、アブドーラ・ザ・ブッチャーを名乗り出した頃、まだ体が細かった時分にカナダ・バンクーバーで撮られたファイト写真

レスラーはアブドーラ・ザ・ブッチャー、カール・ハイジンガー、ジャッキー・ファーゴ、ミスター・アトミック、プリンス・ピューリン、ミステリー・オレゴン、ゲーリー・モンティの7人で、ベテランのアトミックを除く6人が初来日というフレッシュなメンバーだった。6月27日にロサンゼルス(オリンピック・オーデトリアム)で大木のアジア・ヘビー級王座に挑戦して惜敗(1対2)したハイジンガーと、テネシーの大エースだったファーゴがエース格と目されたが、その評価は開幕戦(8月21日、後楽園ホール＝日本テレビで生中継)で一変した。メインでハイジンガーと組み馬場、猪木組と対戦したブッチャーがBIコンビを相手に大立ち回りを見せ、1本目は馬場を流血させ半失神状態まで追い込んで反則負け(12分17秒)。2本目もダウンした馬場のノド元めがけて2メートル以上ジャ

ブッチャーが1970年8月の「サマー・ビッグ・シリーズ」に初来日する前、日本のマスコミに配られた宣材写真

ンプする豪快なエルボードロップをたたきつけ、電光石火のフォール（0分28秒）を奪ってみせた。3本目は奮起した馬場が16文でハイジンガーをKOし（2分21秒）辛うじて勝利はつかんだものの、それまでブルーザー、クラッシャーに代表されてきた極悪レスラーとは趣を異にする、ブッチャーのスピード感溢れた「オリエンタル・テイストのラフプレー」は非常に新鮮な味を出していた。

この時点では「シリーズ中に馬場のインターナショナル選手権開催はナシ」としていたフロントだったが、翌週金曜日に急遽「最終戦、9月17日の台東体育館で馬場対ブッチャーによるインターナショ

ブッチャーの初来日第1戦で、猪木は馬場と組んでタッグマッチで対決。しかし注目は馬場 vsブッチャーに集まってしまった（8・21 後楽園）

ナル選手権を行う」と記者発表。開幕戦のインパクトだけでインター挑戦をゲットしてしまったのだから「アッパレ」の一語で、29歳のブッチャーは初来日第1戦で「日本におけるその後の地位を築いた」と書いて過言ではない。

馬場とブッチャーの攻防がシリーズの焦点になったことで、猪木とブッチャーとの絡みは少なく（当然、シングルマッチはナシ）、タッグマッチでも互いにフォールを奪うことは一度もなかった。猪木の相手として最も目立っていたのはミスター・アトミックで、猪木とのシングルマッチ（8月25日の葛飾区体育館＝NET で録画中継）も2対1で勝つ（3本目は反

9・5東京スタジアムで猪木&吉村がアトミック&ピューリンを下しアジアタッグ王座防衛

則勝ちだが）など、40歳を越えてもまだまだ実力が衰えていないことを証明してみせた（大木と坂口にはシングルマッチで快勝したのだから凄い。馬場には1敗1引き分け）。これが最後の来日となったが、シリーズの2番手くらいのポジションであれば、まだ何度かは来日させても通用したと思われる。グレート・カブキさん（当時は高千穂明久）が「私が得意にしていたネックブリーカー・ドロップは、アトミックのを見て参考にしました。アトミックは相手の首をひねったあと、1歩あとずさりしながら自分のボディをポーン、と宙に舞わせるから、すごくダイナミックなんですよ。やるほうとやられるほうが、同時に宙を舞うからね。ブラッシーのも凄かったけど、ブラッシーはジャンプしなかったから、どうしてもアトミックのほうに魅かれたですよ」と述懐している。アトミックのネックブリーカー・ドロップは確かに芸術品で、この技の使い手としては、私も史上ナンバーワンだったと思う。

このシリーズの猪木のタイトルマッチは1回だけで、9月5日に東京スタジアムでアトミック、ピューリンを相手にアジアタッグ王座を防衛。1本目に猪木がアトミックのネックブリーカーで先制されたが、2本目は吉村が回転エビ固めでピューリンをフォールしタイ。3本目は猪木のコブラツイストがアトミックに決まってギブアップを奪い、2対1で快勝している。余談になるが、シリーズ最終戦の台東体育館で新弟子の藤波辰巳（6月16日に下関で入門）が初めてパンフレット用の「ポーズ写真」（タイツ姿）を公式撮影されており、これが藤波のプロレス入門後初のポージング・フォトとして、現在も自伝をはじめ多くのドラゴン関連書籍で使われている（16歳）。

第1回NWAタッグリーグ戦

日プロ初のタッグリーグ戦で、猪木派&NETと馬場派&日テレの亀裂が決定的に

それまで9月から11月までの、いわゆる「秋の陣」には「ダイヤモンド・シリーズ」という名称が使用されて（4年間）定着していたが、この年からは「NWAタッグリーグ戦」に衣替えされた。それまでの日本プロレスでは「タッグリーグ戦」が開催されたことは一度もなく（国際プロレスでは、1969年の10月から暮れにかけて「IWA世界タッグ挑戦シリーズ」というのが開催された）、当時としては「興行の目玉であるタイトルマッチが組めないし、これは団体の採算的に大きなギャンブルである」的な報道がされ、私も当初は「馬場と猪木が組んだら、優勝間違いないじゃないか。

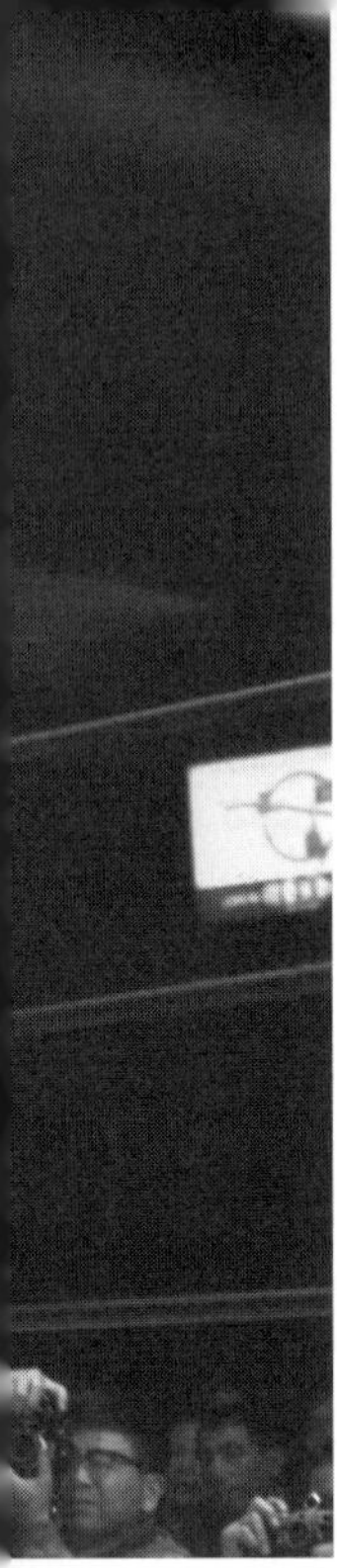

リーグ戦なんて意味ないじゃないか」と思った一人だった。そのへんは事前に検討したであろう日本プロレスフロントは、「このリーグ戦では、馬場と猪木はコンビを組まない。大木、吉村を含めた四天王は、それぞれ中堅とコンビを結成する」と発表。結局は馬場、ヒライ組、猪木、星野組、大木、山本組、吉村、小鹿組の4チームという独自の（悪く言えば脈絡のない）編成になった。ガイジン側の4チームはアーニー・ラッド、ロッキー・ジョンソン組、ニック・ボックウィンクル、ジョニー・クイン組、ラーズ・アンダーソン、ボブ・ループ組、フランキー・レイン、バッド・ラテール組の4チームで、それぞれが2回戦総当たり、計32戦という大規模なリーグ戦には新鮮な味が感じられて、開幕直前になると「未知なるものへの期待感」を持つことができた。

9月25日の開幕戦（後楽園ホール）から11月5日の決勝戦（東京・台東体育館）まで6週間に全30興行。これまたニック以外の7人が全て初来日という新鮮な顔ぶれで、特に「まだ見ぬ大物」の一人と言われて来日が嘱望されていた〝黒い毒グモ〟アーニー・ラッドと〝黒い砲弾〟ロッキー・ジョンソンのコンビに対しては、各プロレス紙媒体に「優勝間違いなし。馬場と猪木が組んでも勝てるかどうかわからないのに、即席の4チームでは絶対に勝ち目なし」という極端な下馬評が書かれていた。

そのラッド、ジョンソン組は開幕戦こそ馬場、ヒライ組に2対1で完勝して強さを見せたが、コンビネーションの悪さが徐々に露呈して失速。かわって着実にポイントを積み重ねていったのがニッ

ニックは独特のスープレックス（自身の右腕を相手の左脇に入れるのがポイント）で秋のNWAタッグリーグ戦を席巻（写真は11・5台東体育館）

クとクインのコンビで、特にニックは開幕戦からアントニオ・ドライバーに酷似した独特のスープレックス（自分の右腕を、外側から相手の左脇の下に入れる形）で日本陣営を次々にフォールしていった。日本チームでは予想通り猪木と星野のコンビが抜群のチームプレーでポイントをアップ。決勝戦は猪木組対ニック組の顔合わせとなり、猪木、星野が優勝した。馬場の試合を放送できないNETとしては、この（馬場が出ない）決勝戦はどうしても獲得したいところ（当然、NETの権益と考えたろう）だったが、政治力で圧倒する日本テレビが11月6日（翌日）にアッサリと録画中継（72分の大激闘だったのでノーカットではなかったが)。NETは3日後の月曜日夜8時の中継枠で「おめでとう、猪木、星野」と題するロング・インタビュー(試合翌日にNETスタジオ収録)を構成したのみで「我慢させられた形」になった。春の「第12回ワールドリーグ戦」で馬場が優勝したので、この「秋の本場所」は猪木がリベンジ優勝するという予想は誰もが立てており、それなのに決勝戦を放送できないとあってはNETのメンツが立たない。このあたりから「猪木にシングルのベルトを巻かせて、NETオンリーの看板選手権にしたい」という声がNET上層部の間で一気に高まり、海のむこうのロサンゼルス(オリンピック・オーデトリアム)で初の「ユナイテッド・ナショナル選手権試合」

猪木は星野とのコンビでニック&クインを撃破し、第1回NWAタッグリーグ戦優勝(11・5台東体育館)

（10月23日、NWAが認定した初代王者デール・ルイス対挑戦者パンテラ・ネグラ。ネグラが勝って二代目王者に君臨）が開催されている。日本テレビがもう少し柔軟にNETを「上手くあしらって」いればUN王座の誕生もなかった可能性があり、「第1回NWAタッグリーグ戦」は、日本プロレスの「馬場派」と「猪木派」に決定的な亀裂を生んだシリーズだったと言える。

このシリーズは日本テレビで7週、NETで7週の合計14興行が中継されたが、猪木がらみで最も内容が濃い試合となったのは10月21日、宮城県スポーツセンターでの猪木対ニック戦（メインの60分3本勝負）だった（26日にNETでノーカット録画中継）。1本目はニックがゴングと同時にドロップキック3連発を浴びせて、なんと11秒で先制のフォール。これに奮起した猪木も、2本目のゴングと同時に逆襲のドロップキック3連発を叩き込み、これまた22秒でタイのフォールを奪った。猪木の長いキャリアの中でも、こういう試合展開は他に例がない。3本目はじっくりと構えたグラウンドの攻防から始まったので、実質的には「1本勝負」のような様相となり、テレビを見ていた私は「1本勝負だったら11秒で終わっていたから、大変なことになっていたな」などと考えていた。最後は26分50秒、ロープ際で猪木のコブラツイストが決まったところでジョニー・クインが乱入し、ニックの腕を引っ張ってブレイクさせたために反則負けになったが、観客からブーイングが飛ぶことはなかった。それだけ試合内容が充実していたことを証明しており、このあたりで「決勝は猪木、星野対ニック、クインの組み合わせになるな」との確信を得た。

もう一試合、忘れられないのが10月30日に名古屋の愛知県体育館で行われた猪木、星野対ラーズ・アンダーソン、ボブ・ループの公式戦だった（日本テレビから生中継）。1本目は星野がループを体固め、2本目はアンダーソンが血ダルマの星野を体固めに仕留めてタイスコアになった3本目、猪木が久しぶり（8月28日のミステリー・オレゴン戦以来）に卍固めを仕掛けた。「よし、これで決まった！」と思った瞬間、なんとアンダーソンがすかさず両ヒザをキャンバスに着いたので、卍のフォームが「ヘナヘナ」という感じで崩れてしまった。私は「やばい！ ついに卍の神話が終わったか！」と絶望的な気持ちになったが、猪木はグラウンドの態勢でも執拗にアンダーソンの首を左足で（押し出すように）絞め付けて、ようやくギブアップを「奪首」した。スタンディングのフォーム（ポジション）でなくとも卍は卍、一応、「神話」は保たれたようにも思えたが、アンダーソンが見せたシンプルな「卍破り」は、「今後も誰かがやるだろう」という想像が容易についた。正直、グラウンドの状態でグイグイ首を押し付ける「（いわゆる）グラウンド卍」は「変形腕ひしぎ十字固め」としか思えず、私の中では、今でもラーズ・アンダーソンが「最初に卍を脱出したレスラー」としてインプットされている。

この初来日時のパンフレットで、アンダーソンは「ミネソタの難破船」という奇天烈なニックネームを記載されている。これはアメリカの雑誌がアンダーソン3兄弟（ジン、オレイ、ラーズ）に「ミネソタ・レッキング・クルー」（ミネソタの解体屋、ぶっこわし部隊）とキャプションをつけていたのを「レッキング（wrecking）」は「難破させる」という意味もあるので、「難破船」と訳してしまったためと思われる（本来は〝ミネソタのぶっこわし屋〟が正しい和訳）。東京スポーツの櫻井康雄さんのネーミングと言われている「人間発電所」や「荒法師」や「生傷男」も傑作だが、この「ミネソタの難破船」というのも隠れた傑作だと思う。アメリカの北部、海のないミネソタ州に

「難破船」が漂流しているわけがなく、私がアメリカ駐在時代、ミネソタ州セントポールに住んでいたプロレス・ヒストリアン仲間のジム・メルビーを訪ねていったときにこの話をしたら、腹を抱えて笑い転げていたのが懐かしい。

２００８年８月30日、私は星野勘太郎さんをゲストに、高円寺でトークショーの司会をやったことがあった。星野さんを相手にトークをやらせていただいたのは、これ一度だけだったが、そこで星野さんは「生涯ベストマッチ」について「猪木さんと組んで勝ったＮＷＡタッグリーグ戦の決勝です。自分のすべてを出して燃え尽きた」と即答した。この試合も、日本テレビのアーカイブには残っていない。星野勘太郎渾身のスーパー名勝負を、もう一度見たかった。１対１から60分フルタイムとなり、延長となってから12分９秒、猪木がニックに決めたフィニッシュの卍固めの完成度も素晴らしかった。私個人の「ベスト卍固めランキング」では、有名な１９７５年のビル・ロビンソン戦での卍、１９６９年の「第11回ワールドリーグ戦」でのクリス・マルコフに決めた卍に続いて、このニックへの卍が「第３位」である。

インター・チャンピオン・シリーズ

伝説のライバル対決・バレンタインと死闘、再び！

ＮＷＡタッグリーグ戦決勝戦から「中７日」置いて、この年ラストとなる「インター・チャンピオン・シリーズ」が開催された。11月13日（後楽園ホール）から12月９日（盛岡・岩手県営体育館）

までの14興行だったが、「ダイナミック・シリーズ」の箇所で触れたように、このシリーズは14興行のすべてがテレビ中継された（日本テレビ7週、NET7週）。もちろん、これは空前にして絶後の「テレビ・カバー頻度（100％）」で、日本プロレスは完全に「会場に行かずともテレビで見れる」状態になった。開幕から最終戦まで全戦に参加したのはハーリー・レイス、レス・ロバーツ、ディック・ダン、ロッキー・モンテロ、ランディ・カーチス、ドン・ダフィ、ヒロ・マツダ（日本側として参加）の7人で、11月27日から最終戦までの10興行にはジン・キニスキー、ジョニー・バレンタインの二人が特別参加という豪華メンバーだったので、「全戦がテレビで見られる」のは単純に嬉しく、特に東京プロレス時代の猪木対バレンタインを見ていなかった13歳の私としては歓迎すべき異常頻度。「遂に伝説のライバル対決が見れるぞ」と、期間中はテレビの前で興奮マックス状態だった。興奮度、ワクワク度としては、前年の「第11回ワールドリーグ戦」と並ぶ「猪木の日本プロレス時代におけるベスト・シリーズ」だったと思う。

軸となるガイジン・レスラー軍の3強、キニスキー（当時42歳）、バレンタイン（42歳）、レイス（27歳）が実に素晴らしかった。期待通り猪木とバレンタインの対決はどれも迫力満点で、特に11月27日の横浜文化体育館におけるシングルマッチ（日本テレビで生中継）が印象深い。テレビは1本目に猪木がバレンタインのエルボードロップを食ってフォールされた場面から始まったが、コーナーで（ビール瓶の）水を含みバケツに吐くシーンで、解説の芳の里が「猪木君は、ノドの中を切られていますね。今、かなり血が含まれていましたね」とコメント。まだ私の家は白黒テレビだったから、血の色はわからなかったが、かえってモノクロだったので、そのコメントが強烈に耳に残っ

キニスキーとバレンタインは年末シリーズで圧倒的存在感を見せつけた。写真は11・29札幌で雪遊びに興じる2人

たのだろう。猪木のオレンジ色のタイツも各所に血がこびりついて、凄惨な試合となった。２本目、猪木はビル・ロビンソンばりのダブルアーム・スープレックスを爆発させてスリーカウントを奪った。これは猪木にとって記念すべき「第７の必殺技を初公開」のシーンだったが、ブリッジといい高さといい文句ない投げだった。残念ながら以降の「猪木の人間風車」は「痛め技」となってしまったが、とにかくこの最初のヤツは完璧で、やられたバレンタインも面喰らっただろう。４年前に日本で初めて「アントニオ・ドライバー」を仕掛けた相手のバレンタインだったからこそ、猪木は新兵器をトライしたのだと想像される。結局、３本目はバレンタイン優勢のまま45分時間切れ引き分けとな

12・1東京体育館における馬場&猪木 vsキニスキー&バレンタインは、BI砲のインタータッグ王座戦史上に残る名勝負となった

り、メイン（馬場、マツダ対キニスキー、ダン）は5分くらいしか放送されなかった。こうなると「週に1回しか見られない馬場」と「週に2回見られる猪木」の露出度合い（試合が流される時間）の差が歴然としてきたので、猪木の人気がアップしていったのは当然の結果のように思えた。

12月1日、東京体育館におけるインタータッグ戦（馬場、猪木対キニスキー、バレンタイン）はＢＩコンビが残した数あるインタータッグ戦の中の、文句なしのベストバウトだった。（今もユーチューブで閲覧できる）。異論を持つ方もいるかもしれないが、当時オンタイムでＢＩ砲を見ていた80％以上の方は同意してくれるのではないかと思う。とにかく4選手の動きに無駄がなく、４つの組み合わせ（馬場－キニスキー、馬場－バレンタイン、猪木－キニスキー、猪木―バレンタイン）

キニスキー&バレンタイン相手のインタータッグ戦は、1対1からの3本目、猪木がキニスキーにリングアウト勝ちを収め、BI砲が王座を死守（12・1東京体育館）

は、どれをとっても突っ込みどころがない最高の攻防を展開している（レフェリーのユセフ・トルコの役者ぶりも最高だ）。

このシリーズで馬場はキニスキーに敗れて虎の子のインター・シングル王座から転落。バレンタインとはノンタイトルのシングルで一度だけ対戦し（12月9日、盛岡）、両者リングアウトで引き分けている（メインがアジアタッグで、NETの放送日だったので馬場・バレンタインのテレビ中継はナシ）。猪木はキニスキーとのシングル戦は組まれなかったが、バレンタインとのシングルを2度組まれ、横浜で時間切れ引き分けになったあとの決着戦（12月7日、静岡・浜松市体育館）。メインの60分3本勝負）ではコブラツイストとエルボードロップで1本ずつ取り合ったあと、3本目は一瞬のスキをついた首固めでスリーカウントを奪い辛勝している（NETで録画中

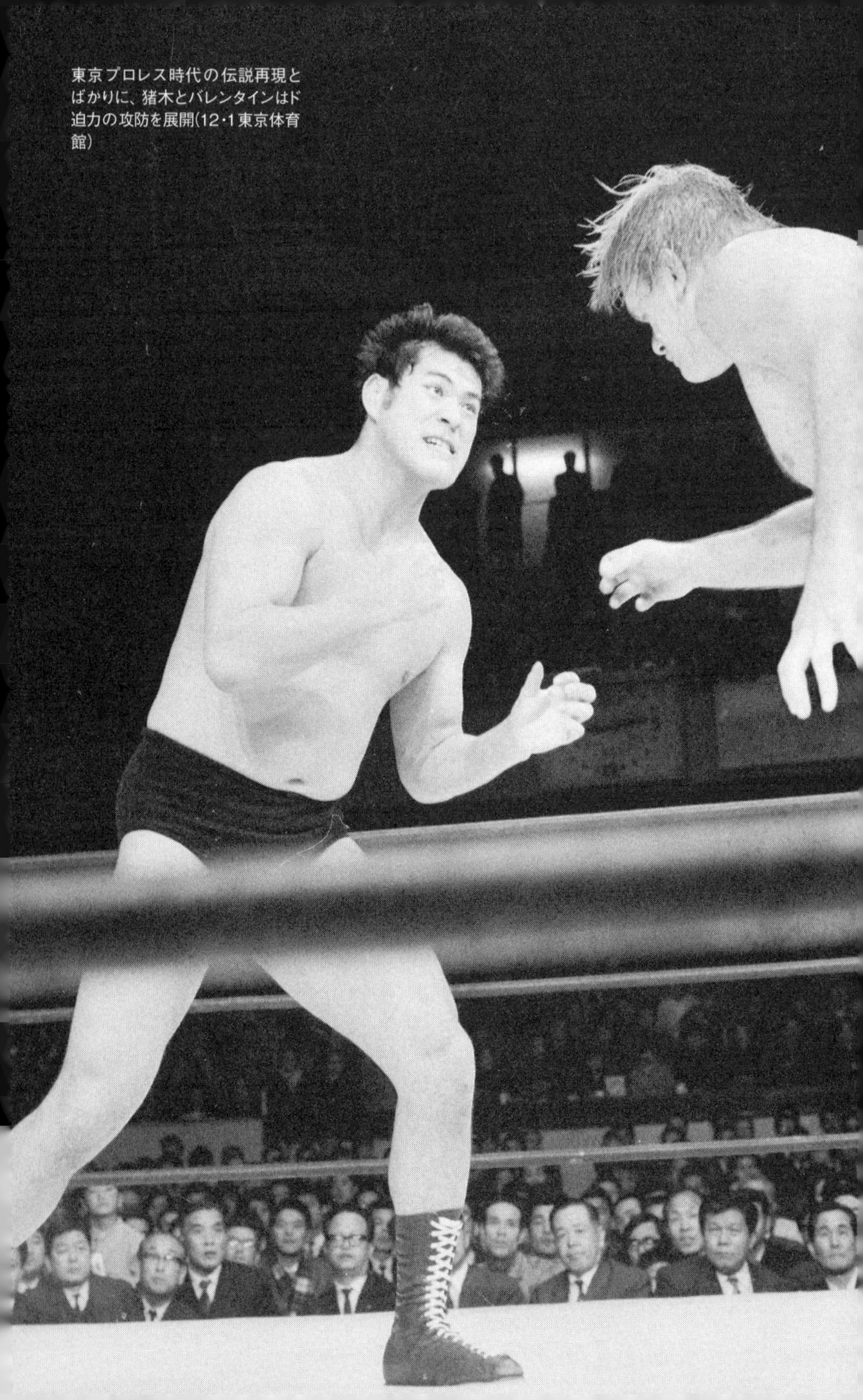

東京プロレス時代の伝説再現とばかりに、猪木とバレンタインはド迫力の攻防を展開(12・1東京体育館)

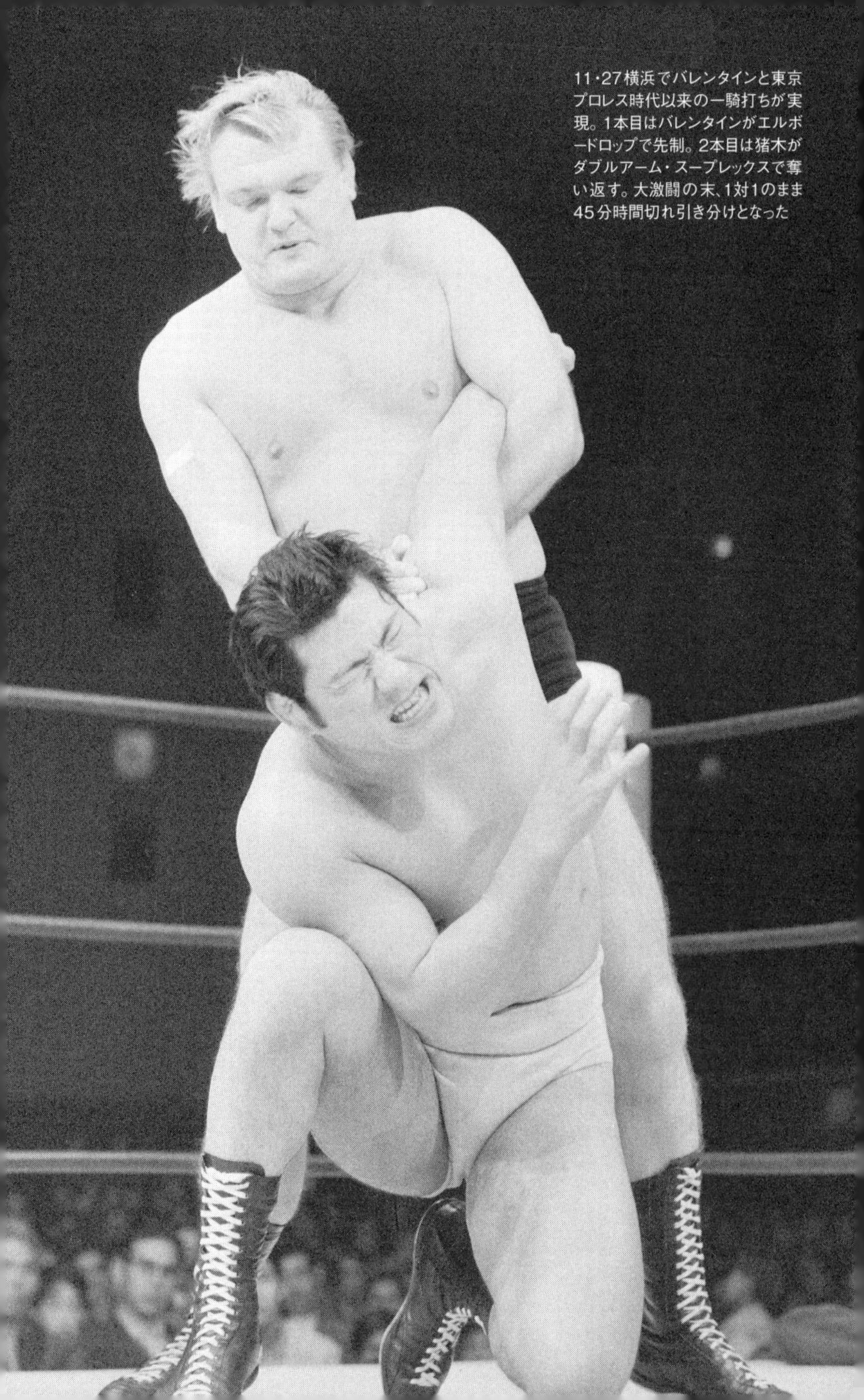

11・27横浜でバレンタインと東京プロレス時代以来の一騎打ちが実現。1本目はバレンタインがエルボードロップで先制。2本目は猪木がダブルアーム・スープレックスで奪い返す。大激闘の末、1対1のまま45分時間切れ引き分けとなった

横浜に続いて、12・7浜松でバレンタインとシングル対決。1本目を先取した猪木は2本目、バレンタインの毒針エルボードロップで1本奪い返されたものの、3本目に首固めで辛勝

継）。バレンタインという特殊なサンプルを通してだけの比較だが、「馬場が勝てなかった選手に、猪木は勝った」というのはこれが初めてのケースで、私はこのあたりで「馬場と猪木は、実力的にも格的にも、完全に横一戦に並んだな」という感を強く持った。

インター・シングル王座をキニスキーに取られた馬場は18日にロサンゼルスに渡り、オリンピック・オーデトリアムで2対1で奪回に成功した。この試合は1月1日（金曜日）の「日本プロレス中継」のワクで録画放送されたが、正直、その時に私は「『インター・チャンピオン・シリーズ』は全興行がテレビで中継された。この馬場・キニスキーのリターンマッチがなかったら、元日の日本テレビは、何を放送するつもりだったんだろう?」という疑問を持った。まあ、そのときは馬場、猪木をスタジオに呼んで「新年の意気込みを語る」みたいな内容でやったかもしれないが、元日夜の番組としてはインパクトが弱い。ロスの馬場・キニスキー再戦は、視聴率的にもフジテレビの看板正月番組「新春かくし芸大会」に対抗できる（日本テレビにとって）唯一の目玉番組だったかもしれない。まだまだプロレス中継は日本テレビとNETにとって「切り札、キラー・コンテンツ」だった証明である。

1971年（昭和46年）

天国と地獄！栄光のUN王者が一転、団体追放の身に

新春チャンピオン・シリーズ

ブラジルで毒蛇に咬まれる！UN王座も視野に入る

猪木は前年12月シリーズ後の13日に映画撮影（スポニチテレビ映画社製作の「アントニオ猪木、故郷の秘境を行く」）のためブラジルに赴いたが、撮影3日目の19日、ジャングルに生息する毒蛇（ジャララカ）に咬まれるというアクシデントに見舞われた。幸い同行していた現地の軍医が血清を持っていたため、直ちにそれを注射して事なきを得たが、東京スポーツが24日付けの一面で大々的に報道（意識を失い危険な状態にもなった、と）をしたため、日本のプロレス関係者、ファンは一時「最悪の事態」を覚悟する状況にもなったほどだった。12月30日に羽田空港に帰国した猪木は「お騒がせしました。自分の不注意でした。23日に現地の病院を退院しまして、もう大丈夫です」とマスコミ陣に頭を下げたが、新春シリーズのコンディション作りに大きな不安が漂った。

猪木にとってストンパーは60年代中盤のアメリカ修行時代の旧友（写真は1・4台東体育館のストンパー）

1月4日（東京・台東体育館）から2月6日までの期間に22興行が開催された新春シリーズには、ザ・ストンパー（アーチ・ゴルディー）、ザ・ケッタッキアン（ルーク・ブラウン）、ビル・ドロモ、リッキー・ハンター、テリー・ガービン、ロニー・ガービン、ミツ荒川の7人が招聘された（初来日の日系大物レスラー、ミツ荒川はガイジン・サイドで出場）。開幕戦の台東体育館はNETから生中継され、試合前のリングサイドで（ガウン姿で）インタビューに答えた猪木は、そこで改めて「毒蛇事件」の不注意を陳謝。メインでグレート小鹿とコンビを組んだ猪木はストンパー、ハンターと60分3本勝負で対戦し、1本目に猪木は「第7の必殺技」アトミック・ドロップを爆発させてハンターからスリーカウントを奪った。この技はアメリカ遠征中の坂口征二の切り札であり、猪木が使うことは

「タブーをおかす」感があったが、私は「まあ、坂口が不在期間だから許されるのだろう」という軽いノリでテレビを見ていた。実際、これっきりで猪木はアトミック・ドロップを封印したが、あまり「猪木向き」のフィニッシュではないので「一回ポッキリ」で正解だったように思う。2本目はストンパーの豪快なストンピングを頭部に食って猪木がフォール負け。3本目も同様にストンピングで小鹿が連続フォールを奪われて日本組が完敗し、「ストンパー強し」を強烈に印象付ける開幕戦となった。

猪木は初めてのアメリカ遠征時、カンザス地区でストンパーとはサーキット仲間であり、自伝に「オフの時には自宅に招待されたことがあり、冷蔵庫一杯に保管されたニンジンをミキサーにかけた特製のジュースを何杯もご馳走になった。おかげで、夜の試合中に下半身が勃起したままで困ったことがある」という傑作なエピソードを披露している。私がMCをやったDVDのインタビュー時にストンパーについて振ると、「彼は一回だけ、日本プロレスのときに来たよね？」と嬉しそうな顔をしたのが忘れられない。「親友」というほどの関係ではなかったにせよ、最初のアメリカ遠征中に知り合ったアメリカのレスラーの中では、ひょっとしたら「パット・パターソンと並び、最も猪木とウマがあった選手」だったような気がする。

ストンパーはシリーズ中に馬場のインターナショナル選手権に挑戦（2月2日、広島県立体育館）して1対1から両者リングアウトの引き分け（再戦ナシ）。猪木とは2月4日、大田区体育館でメインの60分3本勝負で対戦し2対1で勝利（3本目は猪木の反則負け）と、天下のＢＩコンビを相手に文句ない戦績を残した。これが初来日だったので、前年のブッチャーと同様「レギュラーのトップ・ガイジン」になって頻繁に招聘されることは確実と思われたが、シリーズのトップとして活躍したのはこの時だけで、2回目（翌年11月）からは完全に失速してしまったのは意外だった。

シリーズ中の1月10日、NWA会長のサム・マソニックが来日（1967年に次いで2度目）し、11日に宿泊先のホテル・ニュージャパンで芳の里、遠藤と長時間の会談を行った。翌12日に代官山の日本プロレス事務所で記者会見が行われ（マソニック会長は同席せず。20日にベースボール・マガジン社とだけ会見）、芳の里から「アメリカで去年の10月に新設されたユナイテッド・ナショナル選手権について説明を受けた。これまではアメリカ、カナダ、メキシコの3国のレスラーによって争奪されてきた。現在のチャンピオンはメキシコのレイ・メンドーサ。3月下旬にロサンゼルスで開催される挑戦者決定トーナメントに、日本からも一人代表選手を出してくれるように要請された。日本プロレスとしては、国際的に通用するタイトルならいくつあってもいいし、この要請を受けるつもりだ」と説明。

11月13日付の東京スポーツは3面で櫻井康雄記者が「日本から代表を派遣するとすれば、アントニオ猪木しかいないだろう」と書いており、ここから「本番の3月26日、ロサンゼルス」に向け、「猪木のUN奪取大作戦」が一気に動きだした。この紙面を読んだとき、13歳だった私はとっさに英和辞典を開いて「ユナイテッド・ネイション（United Nation）」のところを引いた。「1945年の第二次世界大戦後に組織された国際連合。本部はニューヨーク」とある。「ん？ 国際連合？ あの国際連合が、プロレスのタイトルを認定するのか？ なんでだ？」とトンチンカンなことを考えたが、この名称に戸惑ったのは私だけではなかったと思う。のちに（馬場の）「インターナショナル」

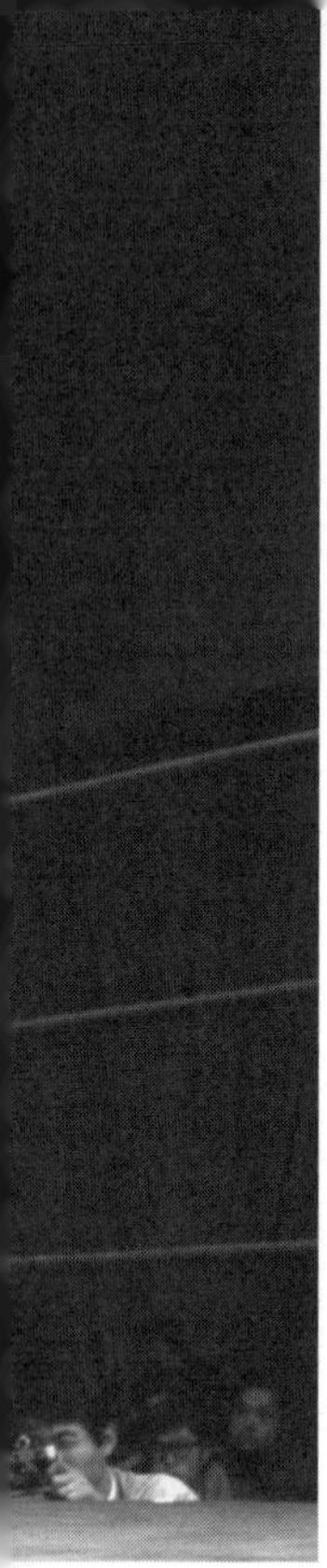

と似たような、しかも同格のニュアンスを持つ形容詞としては「ユナイテッド・ナショナル」と「ユニヴァーサル」と「グローバル」くらいしかないことを理解するのだが、「遂に猪木もシングルのベルトを巻くのか。馬場と完全に並ぶんだな」という期待が先行したので、名称へのこだわりはすぐになくなっていった。

ちなみに猪木、坂口、高千穂らが巻いていた時代は一貫して「ユナイテッド・ナショナル選手権」ないし「UN選手権」という呼称しかされていなかった。「UNヘビー級選手権」という呼称がされ始めたのは、1976年に全日本プロレスで復活してしばらく経過した頃（確か1980年頃）だったと記憶する。UNにはジュニアヘビー級がないのだから、シンプルに「UN選手権」で足りたと思うが、なぜ「UNヘビー級」となったのか、今でもわからない。

ダイナミック・ビッグ・シリーズ

悪魔仮面マスカラスは猪木にとって難敵だった

2月19日から3月10日までの3週間（13興行）、ミル・マスカラス、スパイロス・アリオン、ダグ・ギルバート、ボビー・シェーン、アール・メイナード、ボビー・デュラントン、ボブ・ラムステッドの7人（全員が初来日）が招聘されて新シリーズに突入した。シリーズ最終戦（3月

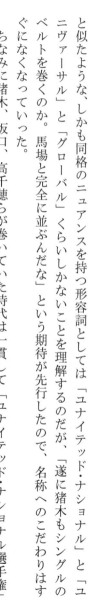

未知の大物アリオンも初来日を果たしたが、マスカラスの存在感に食われてしまった（写真は2・26後楽園、アリオンとタッグ対決する猪木）

10日）が地元の水戸・茨城県スポーツセンターだったので、ここはポスターが貼り出されるのと同時に市内南町の「モリスポーツ」で2000円（2階の最前列）の前売り券を購入した。それまで『ゴング』、『別冊ゴング』が毎号のように巻頭グラビアや特集記事で掲載していた〝悪魔仮面〟マスカラス待望の初来日ということで、このシリーズへの期待感は「新春シリーズ」よりも高かった。当時はネットもスマホもない時代であり、日本のプロレスファンで「動くマスカラス」を見たことのある輩は皆無。新聞、雑誌だけ

マスカラスが衝撃の日本初上陸。第1戦で星野に勝利（2・19後楽園）

で見てきた「まだ見ぬ強豪」の初来日には、心が躍るような夢を感じた時代だった。この時点での「まだ見ぬ強豪」としてはマスカラスの他にもザ・シーク、バディ・ロジャース、ビリー・ワトソン、ベアキャット・ライト、ホースト・ホフマンらがいたが、やはり人気でマスカラスが頭一つ抜けていた感があり（他のレスラーは明らかに全盛期を過ぎていた）、「マスカラスが来てしまうと、あとはせいぜい、シークぐらいだなあ」というのが多くのマニアの本音だったような記憶がある。

開幕戦（後楽園ホール）のマスカラス・星野戦（日本テレビで生中継）は文句なしで素晴らしく、日本におけるミル・マスカラスのベストバウトだったと思う（最後はドロップキック3連発からコーナー最上段に駆けあがってのダイビング・ボディアタックでマスカラスが勝利）。猪木とのシングルマッチは一度だけ組まれ（3月6日、群馬県スポーツセンター＝NETでノーカット録画中継）猪木が2対1で勝ったが、3本目はリングアウト勝ち（猪木がマスカラスのクロスアタックをかわし、マスカラスが場外に自爆飛行）で、とても猪木の完勝とは言い難かった。シリーズ中の3月8日に「3月26日、ロサンゼルスでユナイテッド・ナショナル王者、ジョン・トロスに猪木が挑戦する」ことが正式に発表されたこともあり、ロサンゼルスのエースだったマスカラスにはツーフォールで勝ちたかった場面ではあったが、マスカラスの実力には侮れないものがあった。シリーズ中に奪取したフォールの数だけで言えばマスカラスが一つ上回っており（2月20日のアジアタッグ戦。猪木は2本目にマスカラスにボディアタックでフォールを奪われたが、3本目はギルバートにコブラツイストで雪辱したのみ。3月2日のインタータッグも1本ずつ奪取で互角）、猪木にとっては「新たなライバル出現」を思わせた。

最終戦（3月10日＝木曜日）の水戸大会は「札止め」の超満員（発表は7000人）で、前回（70年4月8日の「第12回ワールドリーグ戦」、発表4000人）とは比較にならない盛況だった。私は授業が終わってすぐに帰宅し（4時くらいに）会場に行ったが、既に入り口の入場券販売所には「キップは全て売り切れました」の貼り紙があり、100人を越す人が「2階の後ろでもいいよ、入れてくれよ」と大声で嘆願しているシーンを見た。地元のプロモーター筋と思われる「怖い顔をしたお兄さん」数人が、「そこで並んでいるお客さん、体育館の裏に集まって。切符の手配ができるかもしれないから」と声をかけていたが、おそらくは（事前に）買い占めておいた前売り券を（こっそりと）高く転売していたのだろう。まだ中学生だった私が「ダフ屋」の存在を初めて意識したの

猪木vsマスカラスの一騎打ちは3・6群馬で実現し、猪木が2対1で勝利

もその時で、「前売り券を購入しといて良かった〜」と胸を撫でおろした。
水戸大会のメインは馬場、猪木対マスカラス、ラムステッドというカードで（日本テレビで録画中継）、1本目は猪木がエアプレン・スピンからブレーンバスターでラムステッドをフォール。2本目はマスカラスがフライング・クロスアタック2連発から馬場をフォールしたが、3本目はマスカラスのクロスボディを空中で抱き留めた馬場が、そのままの態勢からシュミット流バックブリーカー一発でスリーカウントを奪いリベンジに成功。当時、馬場がシュミット流からスリーカウントを奪うケースはほとんどなく、豪快な16文爆発を期待した観客からは「あー！」という大きな失望の溜息が起こったが、マスカラスにとっては（16文でやられるよりも）イメージダウンを軽減できたような感もあった。全試合を見終わったあとの満足感は高く、「超満員の観衆が来ると、同じ日本プロレスの興行でも、ここまで雰囲気が違うのか」を実感した夜だった。

ユナイテッド・ナショナル選手権（現地時間3月26日、ロサンゼルス・オリンピック・オーデトリアム）

UN王座、倍賞美津子さんと共に夢の凱旋会見！スター誕生

猪木は水戸のシリーズ最終戦の翌日（11日）に羽田空港を飛び立って、ブラジルのサンパウロへ向かった。当時のスポーツ新聞では触れられていないが、年末に毒蛇に咬まれて撮影が中止になった「スポニチ映画」の続編を撮影する目的だったので、「大事なUNタイトル挑戦を前に、なにをやっているのだ！」という批判を避けるための隠密行動だったと思われる。サンパウロを22日に立って

23日にロスに到着し、ここで日本から来た倍賞美津子さんと合流。24日（現地時間）はオリンピック・オーデトリアムでテレビ撮影（生中継）の興行が打たれ、ここでジ・インベーダー（レイ・アンソニー）を相手に2対0で完勝し、2日後のジョン・トロス戦を前に絶好調をアピールしている。

3月26日（金曜日）、オリンピックで行われた本興行のプログラムを別掲したが、この日は「プロモーターであるジュールス・ストロンボーのプロレス生活36年記念興行」であり、招聘選手の豪華さから言って「年間最大クラスのビッグショー」であった（満員の1万400人、興行収入2万4500ドルを達成）。猪木対トロスのUN戦は最後の金網デスマッチ（レイ・メン

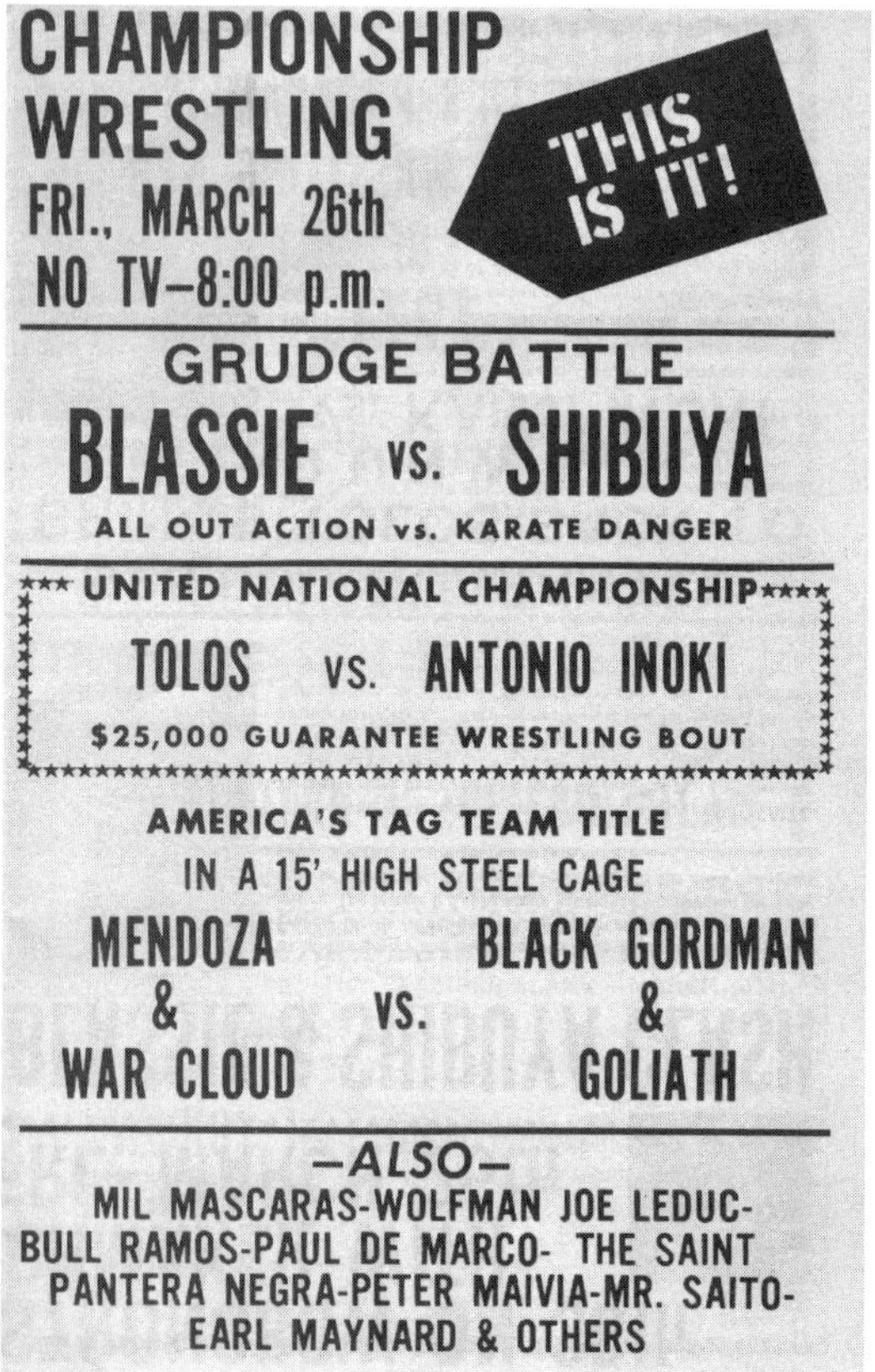

猪木 vsトロス・UN王座戦が行われた3・26オリンピック・オーデトリアム大会のパンフレット。ブラッシー、マスカラスなど超大物を集めた年間最大のビッグマッチだった

ドーサ、スニー・ワー・クラウド対ブラック・ゴールドマン、エル・ゴリアスのアメリカス・タッグ選手権）の前に組まれ、UN戦の前にはフレッド・ブラッシー対キンジ渋谷のアメリカス・ヘビー級選手権（渋谷が勝って王座奪取）、ミル・マスカラス対ジョー・ルダック、マサ・サイトー（斎藤）対ピーター・メイビアなどの豪華カードが組まれた。猪木と斎藤（フロリダ地区からロス地区に転戦してきたばかり）はこの日、東京プロレスが崩壊した1967年1月以来の再会を果たしたと思われるが、この再会によって2人の友情に再び火がついたことが、2年後の「坂口の新日本プロレス合流（斎藤が猪木、坂口会談を仲介）」に繋がったと思うと感慨深い。

猪木とトロスのUN戦は2対1で猪木が王座を奪取。まず第一報は（試合終了から約3時間後）、3月27日（土曜日）の夜10時54分からの日本テレビ「スポーツニュース」枠（4分くらいの放送時間の中の、最後の20秒くらい。字幕と、アナウンスは結果だけ）で流され、私はこのスポーツニュースをドキドキしながら待っていた。当時は大きなタイトルマッチ（アジアは該当せず、NWA世界、インター・シングルとインタータッグのみ）は日本テレビがこのニュース枠で報告していたが（映像があるものもあった。たとえば猪木とドリーの1969年の最初のNWA戦など）、「いずれNETの看板になることが確実のUNを日本テレビが結果報告するか、どうか」は判然としていなかった。それだけにこの日の「猪木UN奪取」速報が映しだされたときは、「さすが日本テレビ！　公平だな」と非常に嬉しかったものだ。

UNの試合そのものは、正直言って好勝負だったとは言い難い（3月29日にNETでノーカット録画中継）。日本プロレスの要請により、NWA会長のサム・マソニックがセントルイスから飛来

猪木はアメリカ・ロサンゼルスに赴き、トロスの保持するUN王座に挑戦（3・26オリンピック・オーデトリアム

猪木はトロスを2対1で下し、UN王座奪取に成功。馬場と共に日プロを代表するシングルのタイトルホルダーとなった（3・26オリンピック・オーデトリアム）

して「わざわざ私が来たほどの、権威あるタイトルなんだよ」と演出（立ち合い人）したが、王者トロスの実力は今一つだった。1本目は猪木がコブラツイストで先制（17分25秒）。2本目はトロスがセカンド・ロープからのニードロップでタイスコアとし（11分48秒）、決勝の3本目はニードロップを自爆したトロスめがけて、猪木がドロップキックの2連発からスリーカウントを奪った（6分30秒）。テレビを見ていた私は「え？　ドロップキックで終わりなの？」という感じで拍子抜けしたが、日本人レスラーが海外のマットでタイトルを奪取するときのフィニッシュに劇的なものは少なく、なぜか、往々にしてこんな感じになる。リング上には日本から来た遠藤幸吉、ジョー樋口が躍りあがって猪木を祝福。リングサイドでは倍賞美津子さんが「これで、ようやく婚約発表ができる」という喜びの表

UN王者としてアメリカから凱旋した猪木は、空港で女優・倍賞美津子さんとの婚約を発表。華々しい帰国会見となった（3月29日）

情を見せていた。「まあ、勝ったからいいか。内容は二の次だ」というのが私の本音だった。

猪木と倍賞美津子さんは日本時間の3月29日午後6時10分、ロサンゼルスからのパンアメリカン航空1便で帰国。ただちに空港のインタビュールームで記者会見が行われ、ここで2人は正式に婚約を発表した。この夜は8時から「NETワールドプロレスリング」の中継があったが、空港の会見ルームからの生中継はなかった。猪木はピッカピカのUNベルトを掲げて王座奪取をアピールしたが、翌朝のスポーツ新聞は（倍賞との）婚約報告に重きが置かれ、新設のUN王座奪取は軽視された感があった。当時、倍賞美津子さんは24歳で、のちに「大女優」の仲間入りを果たす前の段階だったが、では「プロレスラー・アントニオ猪木」と「女優・倍賞美津子」のステータス・バランスがどうだったかと思い出すと、完全に互角。決して「猪木のほうが上」とは言えない状態にあったと思う。共に「将来の業界を背負って立つプリンスとプリンセス」という感じで、本当にお似合いのカップルだった。

翌日（3月30日）発売の東京スポーツは一面トップで「猪木時代　華麗なる幕開け」の大見出し、倍賞さんを「お姫様だっこ」する猪木の笑顔を掲載。この5年前の1966年3月、「第8回ワールドリーグ戦」に帰国せず、「太平洋上の略奪事件（東京プロレス移籍）」によって実現しなかった「夢の凱旋帰国記者会見」を、猪木はついにここで実現させた。しかも婚約発表付きだったから、1963年3月、馬場のアメリカ凱旋帰国記者会見（ロスから力道山が同道、会見にも同伴）を「力道山の付き人」として会場の隅で見ていた（当時20歳）猪木にとっては、「8年かけて、遂に馬場さんを超えたぞ」という満足感で一杯だっただろう。

第13回ワールドリーグ戦
馬場に対戦要求のタブーをおかす！　猪木のたまりにたまったマグマが大爆発

婚約ムードに浸っている間もなく、帰国から4日後の4月2日（後楽園ホール＝日本テレビで生中継）からは「第13回ワールドリーグ戦」が開幕した。5月19日までの7週間に39興行と強行スケジュールで、参加ガイジンもザ・デストロイヤー、キラー・カール・コックス、アブドーラ・ザ・ブッチャー、マンマウンテン・マイク、レイ・メンドーサ、ゴードン・ネルソン、ジョー・ルダック、ニコリ・ボルコフ、アンジェロ・モスカの強力メンバーだった（途中、ルダックが負傷したため、ジョー・ターコが緊急来日して交代）。ワン・シリーズに開幕戦から最終戦まで常時9人が招聘されたのはこれが初めてで、いかに日本プロレスが儲かっていたかが覗える。日本陣営も馬場、猪木、大木、吉村、星野、山本、小鹿、ヒライ、上田（3年2カ月ぶりに凱旋帰国）の9人で、アメリカ遠征中の坂口を除くフルメンバーが揃った。

3月初旬にガイジン・メンバーの発表を新聞報道で知ったとき、私は「過去にシリーズのエースとして来たガイジン（デストロイヤー、コックス、ブッチャー）が、3人同時に来るのか。すごいな」と思った。１９６９年のボボ・ブラジルとゴリラ・モンスーンの時（第11回）も「2人もエースが来るのか」と似たような驚きを感じたが、今回は3人である。しかも、すべての公式リーグ戦が「2回戦総当たり」で行われるのだから興味深く、「どんな地方会場でも、注目のカードが二つや三つは組まれるだろうな。東京スポーツは毎日、水戸駅に買いに行かなくてはいけないな」と覚悟を決めた。それまでは、さすがに「３６５日、水戸駅に行く」ことはしていなかったが、ここからは「毎日、水戸駅に行く」ようになった（当時は日曜日も発行していた）。東京スポーツを水戸駅まで買いに行く時代は１９７６年3月、大学進学のため水戸を離れるときまで続いたが、駅に行く途中のワクワク感は、今になるととても愛おしく思い出される。

さて、本題の猪木に戻る。UNを奪取した直後のリーグ戦だけに、ここで優勝すると完全に「猪木時代」の到来となる。かといって馬場が優勝すると、「2年連続優勝」となり、猪木に対して「何が有名女優と婚約だ。やっぱり、インターナショナル王者の下じゃないか」という「風当たり」が強くなることは間違いなかった。毎回ダークホースだった大木金太郎がこのあたりで「サプライズ

（右・左）この当時の猪木の必殺技のレパートリーの一つがブレーンバスターだった（写真は4・13愛知のワールドリーグ公式戦、対ゴードン・ネルソン）

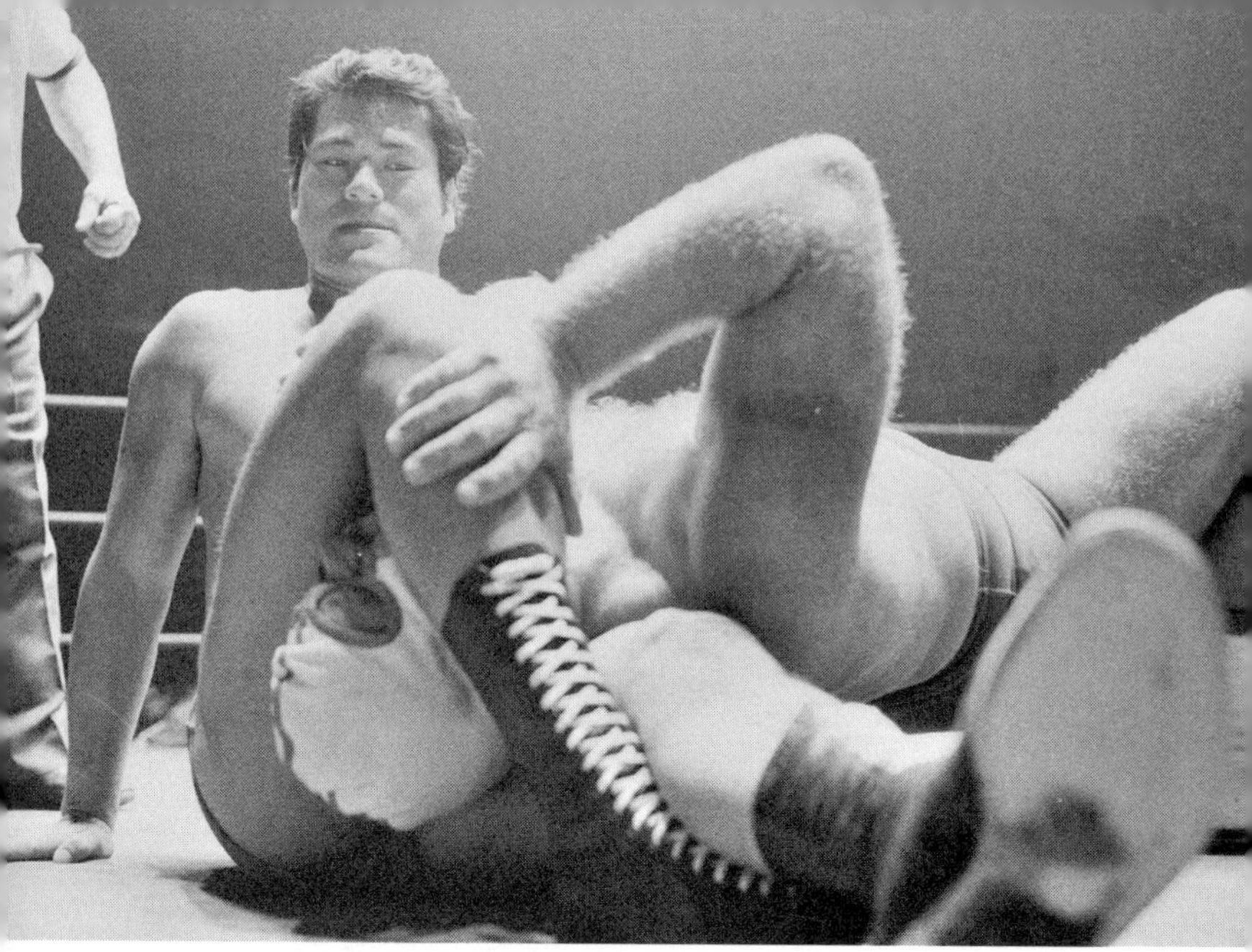

第13回ワールドリーグ戦で前々年優勝者・猪木の前にデストロイヤーが立ちはだかった（写真は4・7大阪府立の公式戦、時間切れ引き分け）

初優勝」すると（馬場、猪木との）バランスが取れた局面だったが、大木はリーグ戦期間中の4月18日にソウル（奨忠体育館）でアジアヘビー級王座防衛戦（現職の朴正熙大統領が来場、国営テレビで生中継）が決まっており（このワンマッチのために、カナダから大物ドン・レオ・ジョナサンを招聘）、公式リーグ戦が帰国後に集中せざるを得なかったために、勝ち星（ポイント）が思うようには挙げられなかった。

猪木は前半戦のデストロイヤー戦（4月7日、大阪府立体育館）で右膝を痛め、欠場には至らなかったものの、その後の巡業における試合では精彩を欠いた。デストロイヤーとは1回戦が30分時間切れで引き分けたものの、2回戦は奇襲のウラカン・ラナで電撃のスリーカウントを奪い辛勝。ブッチャーとは1回戦が反則勝ち、2回戦がリングアウト勝ち。

コックスとは1回戦が両者リングアウトだったが2回戦はコブラツイストでギブアップ勝ちするなど、尻上がりにポイントを重ねて、5月19日の決勝戦（大阪府立体育館）には馬場と同点（16・5）で並び決勝進出を決めた。ガイジン側はデストロイヤーとブッチャーが13点で首位になったため、まさに2年前（1969年）の再現（日本側2人、ガイジン側2人が同点）。またしても決勝戦前日に馬場、猪木とデストロイヤー、ブッチャーの組み合わせが「当日に抽選で決まる」ウヤムヤな局面を迎えた。この抽選はマスコミや記者に非公開で行われ、当日の第4試合が終わったあとに遠藤幸吉がリングに上がり、「抽選の結果、まず猪木とデストロイヤーが戦い、次に馬場とブッチャーが対戦する。それぞれの勝者が戦って決勝戦を行い、優勝が決まる」との説明がなされた。この時点で、会場にいたマスコミ陣は「今年は馬場が優勝だ」と思った。最初に出る2人が引き分け、2試合目の勝者が優勝というパターンは2年前、馬場とボボ・ブラジルが引き分け、そのあとクリス・マルコフを破った猪木が優勝という前例があったので、「同じことの繰り返し。今回は立場が逆で、馬場が優勝」という推測は余りにも容易だったからだ。実力的にもデストロイヤーとブッチャーでは明白な差があり、「第1試合でデストロイヤーと対戦する猪木」の優勝は望み薄だ。会場に詰め掛けた超満員の観客もシラケ気味だった。

結局、猪木とデストロイヤーは21分20秒、足4の字固めがかかったまま場外に転落しての両者リングアウト。そのあと馬場がエルボー・ドロップを自爆したブッチャーを7分41秒、アッサリと片エビ固めに押さえて快勝、2年連続の優勝を果たした。

第1試合を終えた猪木は控室に戻ったあと、報道陣に「馬場さんと対戦したい」と爆弾発言をぶ

ワールドリーグ2度目の優勝を期す猪木は、決勝戦第1試合でデストロイヤーと対戦（5・19大阪府立）

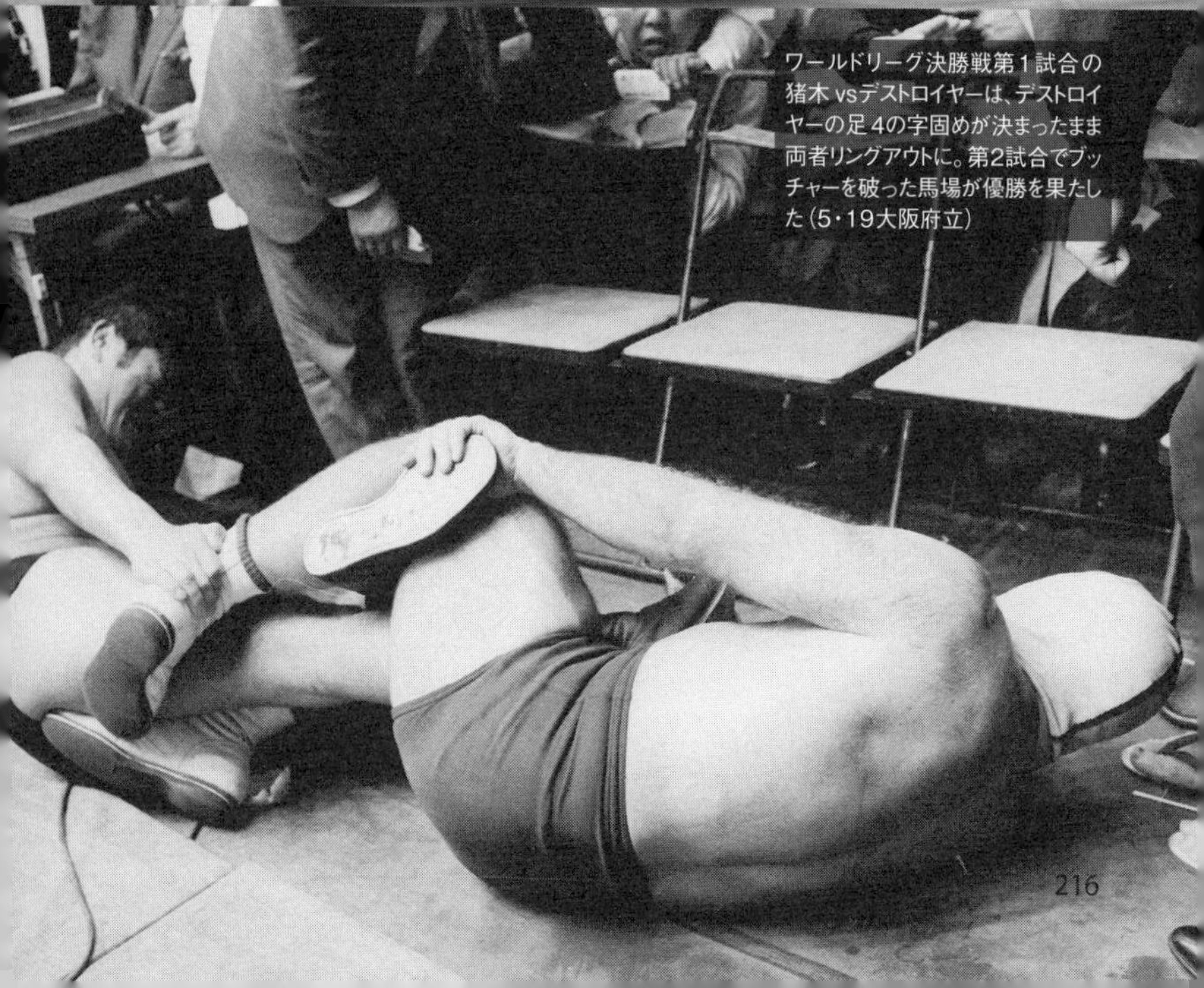

ワールドリーグ決勝戦第1試合の猪木vsデストロイヤーは、デストロイヤーの足4の字固めが決まったまま両者リングアウトに。第2試合でブッチャーを破った馬場が優勝を果たした（5・19大阪府立）

ちあげた。「これは、ワールドリーグ戦で優勝できなかったから、その腹いせで言っているわけではない。そこは理解してほしい。今日にしても、まず馬場さんと俺が対戦して日本人のトップを決め、ブッチャーとデストロイヤーがやってガイジンのトップを決め、その勝者同士が対戦するのが筋ではないか。2年前は、たまたま同じ状況下で私が優勝したが、また同じことを繰り返してファンをごまかすことは、許されるべきじゃない。あした（20日）東京に戻って会社に正式に文書で申し入れを行うが、馬場さんには是非、この対戦に同意してほしい」

この突然の挑戦発言は、猪木の〝取り巻き〟のリーダーであったユセフ・トルコが「猪木に吹き込んで、その気にさせたもの」と言われているが、猪木自身に「その気」がなけ

決勝戦第1試合でデストロイヤーに敗れた猪木は控室で、「馬場さんと対戦したい」とタブーの日本人エース対決をぶちあげた（5・19大阪府立）

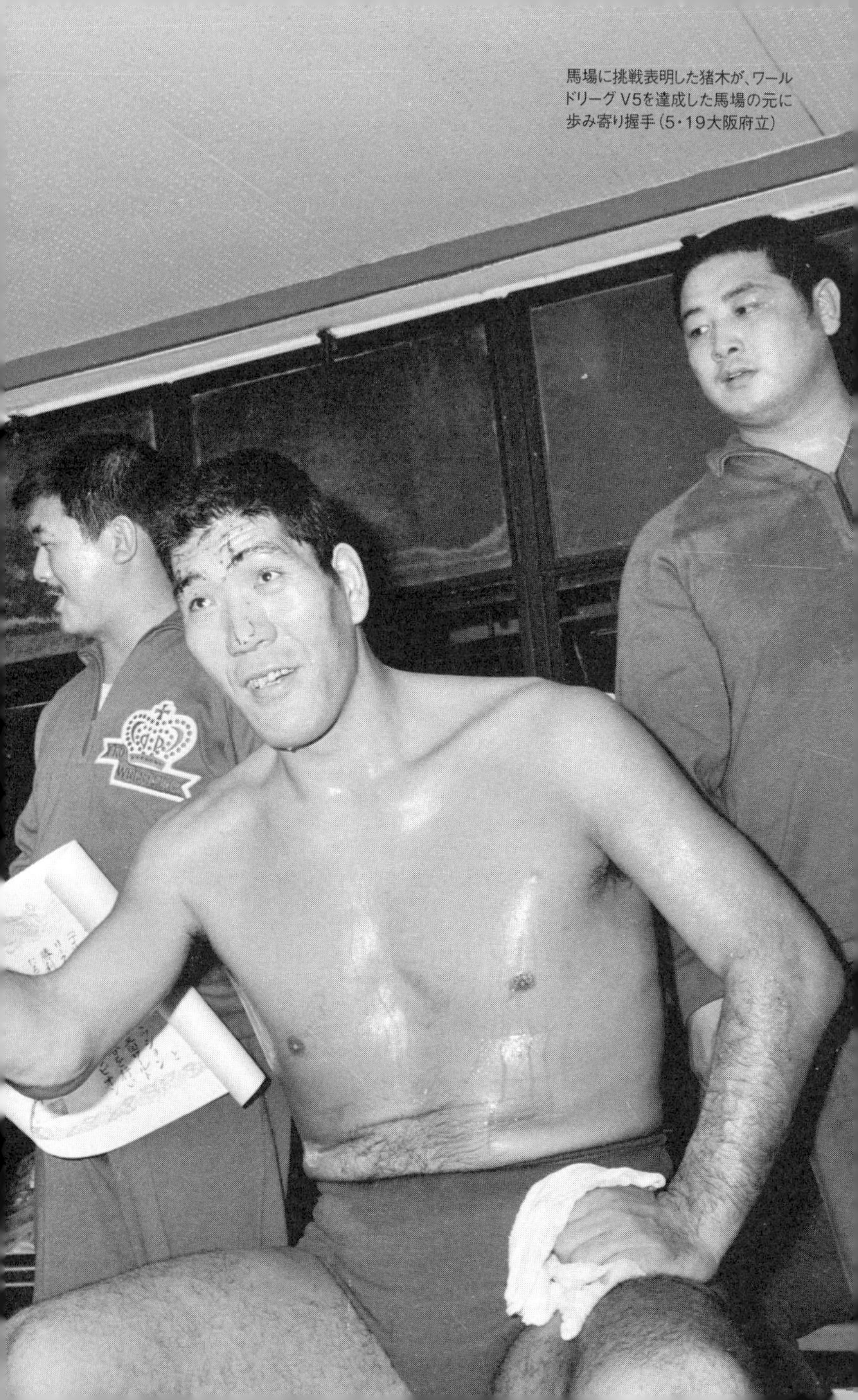

馬場に挑戦表明した猪木が、ワールドリーグV5を達成した馬場の元に歩み寄り握手（5・19大阪府立）

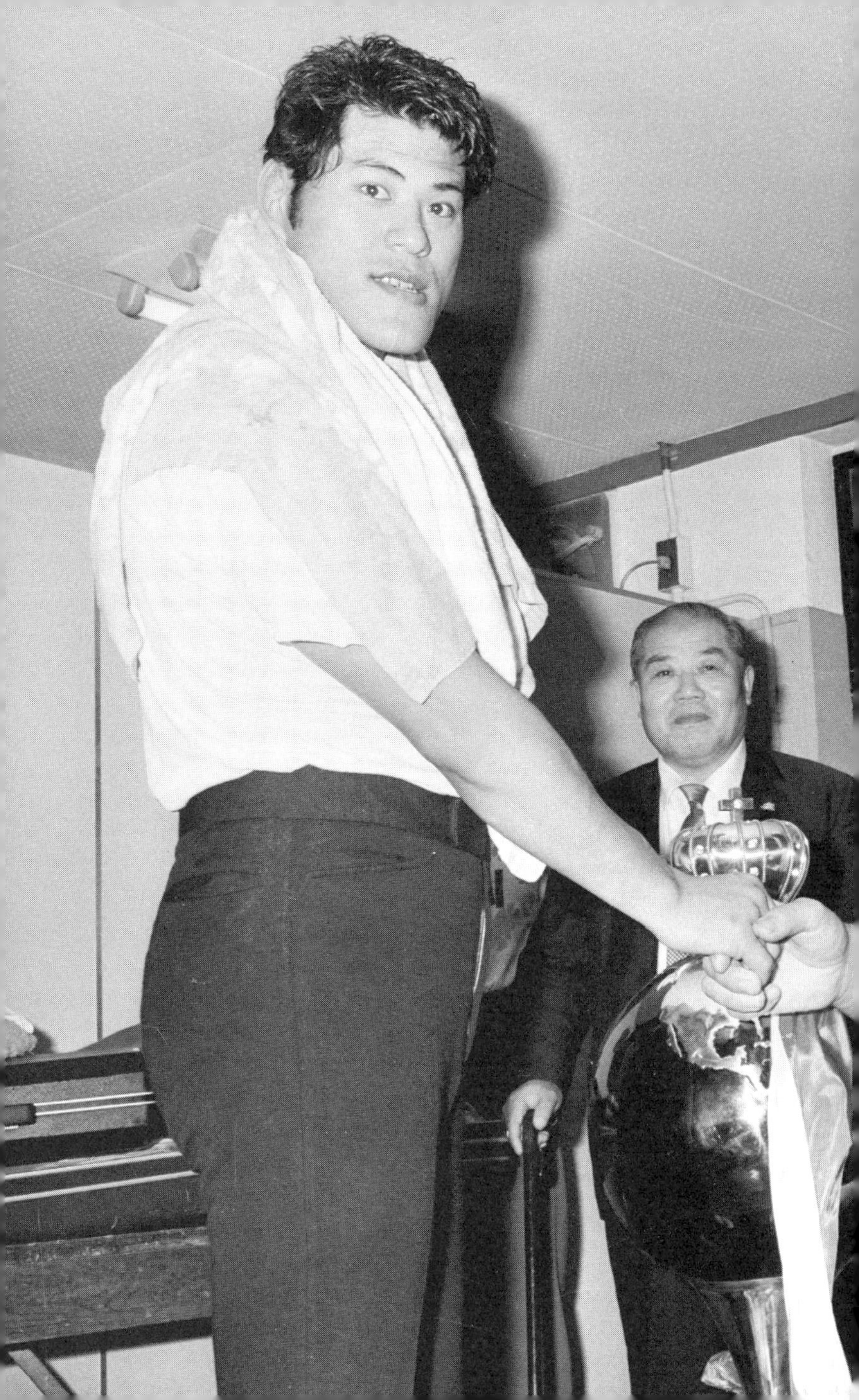

れば絶対に起きなかったことも事実だ。猪木の中に長年蓄積されてきた「馬場と戦いたい」というマグマが、大阪府立体育館の控室で遂に噴火したと見るべきだろう。

ゴールデン・シリーズ

UN王座防衛戦よりも、「馬場との対戦問題」に関心が集中

5月24日（千葉・銚子市体育館）から7月10日（長野・塩尻市体育館）までの7週間に35興行が開催され、イワン・コロフ、フレッド・ブラッシー、ダニー・ホッジ、ダッチ・サベージ、エル・ゴリアス（6月24日まで）、ブラック・ゴールドマン、ボブ・カーセン、ターザン・バクスターの8人が招聘された。豪華メンバーというほどではないが、いわゆる「員数合わせ」的なレスラーは一人もいない充実した陣容で、シリーズ開幕前には馬場のインターナショナル王座にはイワン・コロフ（6月29日、東京体育館）、猪木のUN選手権にはフレッド・ブラッシー（5月31日、札幌中島スポーツセンター）が挑戦者として発表されていた。コロフは問題なかったが、大事なUNの初防衛戦にブラッシーが選ばれたことには、失望しかなかった。誰が見てもダニー・ホッジが適役であり、「猪木対ホッジ」ならば、記念すべき初防衛戦として名勝負が生まれる可能性は大だった。

シリーズ前から代官山の日本プロレス事務所で「猪木の馬場挑戦問題」が再三討議されており（5月22日、24日、28日）、その結論はシリーズ第4戦、後楽園ホールの控室で芳の里代表から発表された。この日は日本テレビの生中継があり、テレビでは冒頭、実況の清水一郎アナウンサーから少

しだけ経過説明（協会としては『時期尚早。まだ馬場と猪木には倒す相手がたくさんおり、将来、世界中に馬場と猪木の敵がいなくなったときに、真の世界一決定戦として戦うべき』との結論）があっただけで、控室で猪木や芳の里がマスコミに語った内容の詳細は流されていない。5月29日夕方に発売された東京スポーツには両者の発言がそのまま書かれているが、猪木は意外にスッキリした表情でこのように語っている。

5・28後楽園で芳の里代表が会見を開き、猪木の馬場挑戦問題に「時期尚早」と結論を下した

「会社、協会の話は聞いた。自分も日本プロレスの役員の一人だし、役員会の決定には従わなければならない。会社がそう言うならば、従わなければならないでしょう。だが、今後も私の姿勢に変わりはない。私と馬場さんが戦う、というよりも、私が馬場さんとの対戦を実現することによって、日本プロレスは絶対に発展する

芳の里の「時期尚早」発言を受けて、猪木はマスコミにコメント。近い将来の馬場との対戦実現を切望した（5・28後楽園）

と確信がある。時期尚早ということは、いつか、必ずやる日が来るということだ。1日も早くその日が来ることを願っている。個人的に馬場さんに含むものは何もないし、タッグを解消するつもりもない。馬場さんから、お前とは嫌だ、と言われれば仕方がないが、私もプロ。リングに上がれば馬場さんとは協力できる」

　何とも虚しいコメントで、猪木の本心を代弁すると、

「世界に戦う相手がいなくなってから？　そんなあり得ない話は、ないだろう！　要するに、馬場さんが傷つくのが嫌なだけじゃないのか？　それならそうと、ハッキリ言えばいいじゃないか」ということだった。

　猪木は5月31日、ブラッシーを相手に2対0のストレートでUNを初防衛（1本目は14分0秒に

反則勝ち、2本目は3分15秒にコブラツイストでギブアップ勝ち）。NETで生中継されたが内容の乏しい試合で、私は「UNには、これからも、このレベルの挑戦者が充てがわれるのか？　だとしたら、猪木が可哀そうだな」と絶望的な気分にさせられた。ちなみに猪木・ブラッシー戦を報道した日から、東京スポーツ新聞は（それまでの10円から）20円に値上げになった。少ない小遣いをやり繰りする中学2年には、血涙モノの厳しい値上げだった（20円から30円になったのは、2年後の1973年11月、東京五輪金メダリストのアントン・ヘーシンクがデビューした紙面）。

6月25日、水戸の我が家に待望のカラーテレビが入った。その日は金曜日だったので、夜8時からの「日本プロレス中継」を初めてカラーで見たときの感動は、今でも鮮明に思い出すことができる。後楽園ホールからの生中継で、セミファイナルがノンタイトルの猪木対ダニー・ホッジだったのだから最高だった。地味な寝技の攻防が続いたあと、猪木がロープ際にいたホッジを、腰投げで場外に思い切り投げ、同体で両者が場外転落。先に立ち上がった猪木は場外でコブラツイストを仕掛けたが、自分もコブラを得意技にしているだけに、ホッジはエスケープ方法を熟知している。クルリと体を反転させて逆にコブラの態勢を狙うが、「そうはさせじ」と猪木も体を反転。このカウンター動作が3～4回続いたあと、反転させたところにコーナー・ポストがあったため、ホッジが自らの顔面を殴打（自爆）してリング下のマットに仰向けにダウン。そのスキにリングに上がった猪木が13分44秒、辛くもリングアウト勝ちを拾った。フォール勝ちではなかったが、猪木がホッジから勝利をもぎとったのはこの試合が初めてで（このシリーズでの残り2試合は両者リングアウト）、ブラッシーとのUN戦が凡戦だっただけに、この一戦がテレビで生中継されたことは意義があった。

挑戦問題終息後の7・1大阪府立で馬場&猪木のBI砲が、コロフ&サベージを破りインタータッグ王座防衛

7月1日の大阪府立体育館では、馬場、猪木対イワン・コロフ、ダッチ・サベージのインタータッグ戦が組まれた（日本テレビで録画中継）。1本目は19分5秒に両軍リングアウト、2本目は猪木がコロフを豪快なブレーンバスターで叩きつけ体固めで快勝（4分26秒）したが、必ず満員になる大阪府立が7割の入り（発表は7000人）に終わり、フロント陣の眉を大いに曇らせた。挑戦者コンビがBクラスだったことに原因があったのだが、私はテレビを見ながら「ホッジと老雄ブラッシーを組ませるわけにもいかないし、ホッジとコロフが組んでも変だ。

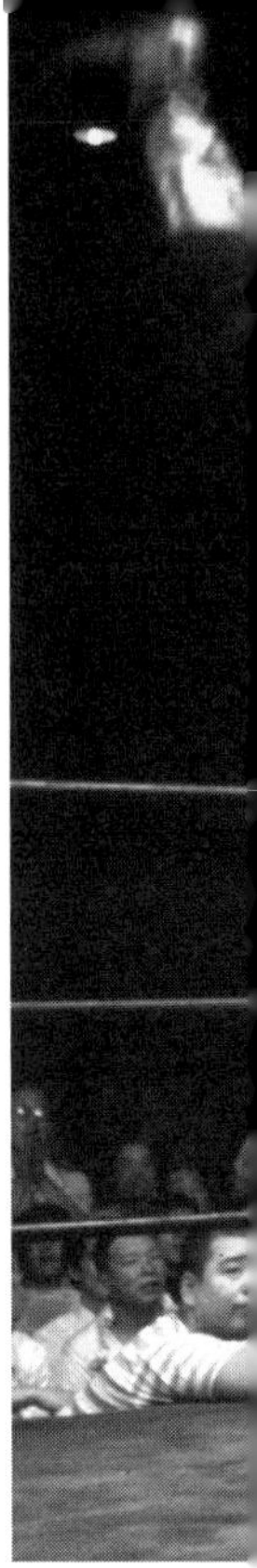

やはりガチガチの正統派ホッジを除外してしまうと、このコロフ、サベージの組み合わせしかないよな」と変な納得をした。最初から最後まで「猪木の馬場挑戦事件」が尾を引いて、今一つ盛り上がりを欠いたシリーズだったと思う。

サマー・ビッグ・シリーズ

ブリスコとのUN王座戦は、猪木の日プロ時代を代表する名勝負

前シリーズ最終戦から中8日を置いた7月19日（後楽園ホール）、「夏の陣」がスタートした。8月7日（川崎球場）までの3週間に14興行という中規模のツアーで、ジャック・ブリスコ、クリス・マルコフ、ビクター・リベラ、マイティ・イゴール（イゴール・ボディック）、アート・マハリック、フィデル・カスティロ、ジョージ・スチール、ドン・サベージの8選手が招聘された。開幕戦の後楽園はNETから生中継され、メインの60分3本勝負は猪木、上田対マルコフ、スチールというカードが組まれた。1本目は全身剛毛の怪奇派と思われたスチールが意外なテクニシャンぶりをみせ、猪木を一瞬の十字架固め（クルス・フィックス）でフォール。2本目は猪木が切り札の卍固めを出してスチールをギブアップさせてタイとしたが、3本目はマルコフがニードロップの3連発で上田からスリーカウントを奪いガイジン組が快勝した。第2戦（7月22日）は水戸から汽車（常磐線＝まだ電車になる前）で30分くらいのところにある石岡市（駅から近い茨城相互銀行グラウンド）に

興行が来たので、夏休み初日ということもあり、兄と2人で生観戦に赴いた。この時も水戸市内の「モリスポーツ」で前売り券を買っておいたのが良かった。テント張りの会場には立錐の余地もなくビッシリと観客が入っており（発表は7000人）、試合開始前には当日券が売り切れとなって、またしても「怖い顔をしたお兄さん数人」（ダフ屋）が入り口付近で「カモを求めて」ウロウロしていた。猪木はセミファイナルに登場し、カステロを11分55秒、コブラツイストに捉えてギブアップ勝ち。軽い相手なので伯仲の好勝負は望むべくもなかったが、この時期あたりから「あー、またコブラツイストかあ。地方だから、卍固めとは言わないまでも、コブラじゃない大技で決めて欲しかったな」と思うようになっていた。

このシリーズは珍しくインタータッグ、アジアタッグの防衛戦がなく、タイトルマッチは8月1日の福岡スポーツセンター（馬場対マルコフのインターナショナル選手権）と8月5日の名古屋・愛知県体育館（猪木対ブリスコのUN選手権）の二つだけだった。前者の馬場・マルコフ戦（日本テレビで録画中継）は馬場が2対0のストレート勝ち（1本目は反則勝ち、2本目は32文からのフォール勝ち、観衆8000人）と、ごく平均的な結果に終わったので、ここは猪木のUN戦に期待がかかった。相手はフロリダ地区の大エースに成長していた本格派ブリスコ（30歳）であり、私は「この相手で好勝負が出来ないようだと、UN王座の看板が泣く。試合内容で馬場・マルコフ戦を圧倒しなければダメだ」と思った。

実力はあったが知名度が今一つのブリスコとあって、観客動員に不安があったが、8月5日の愛知県体育館は満員（8000人）の大観衆が詰めかけた（NETで録画中継）。この試合はテレビ

猪木がUN王座防衛戦でブリスコを迎撃。ブリスコとのシングル対決は1967年12月以来2度目だ(8・5愛知)

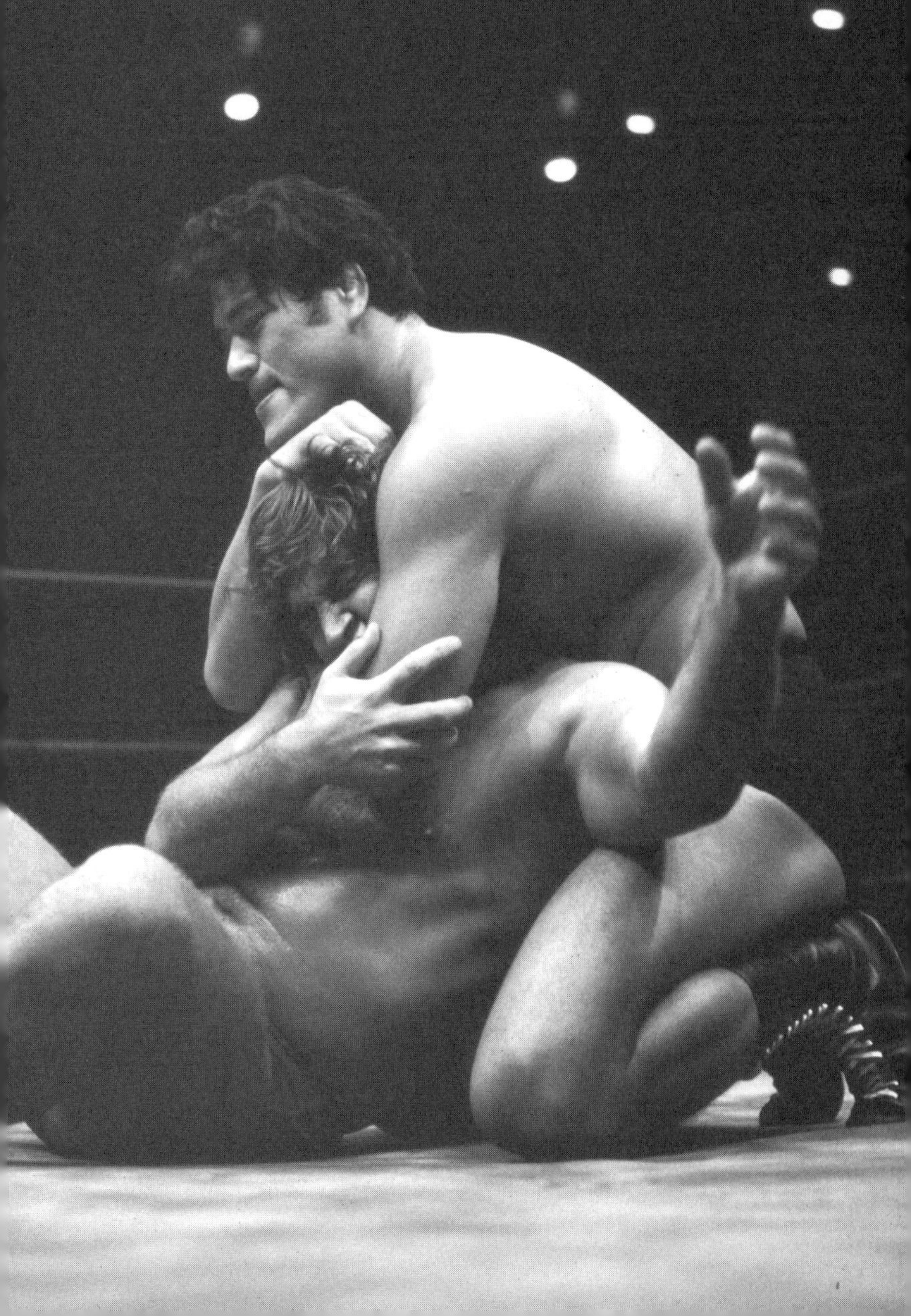

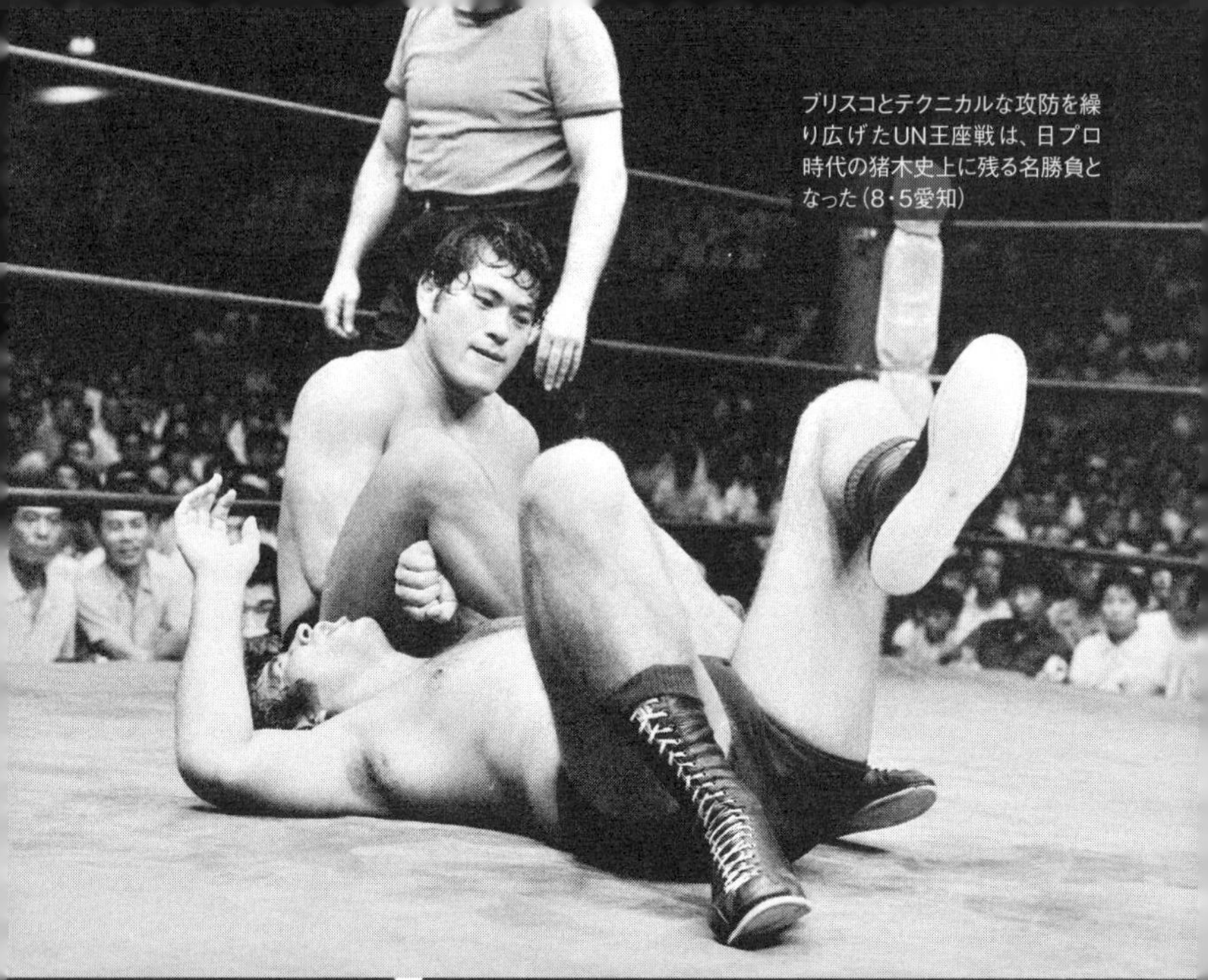

ブリスコとテクニカルな攻防を繰り広げたUN王座戦は、日プロ時代の猪木史上に残る名勝負となった(8・5愛知)

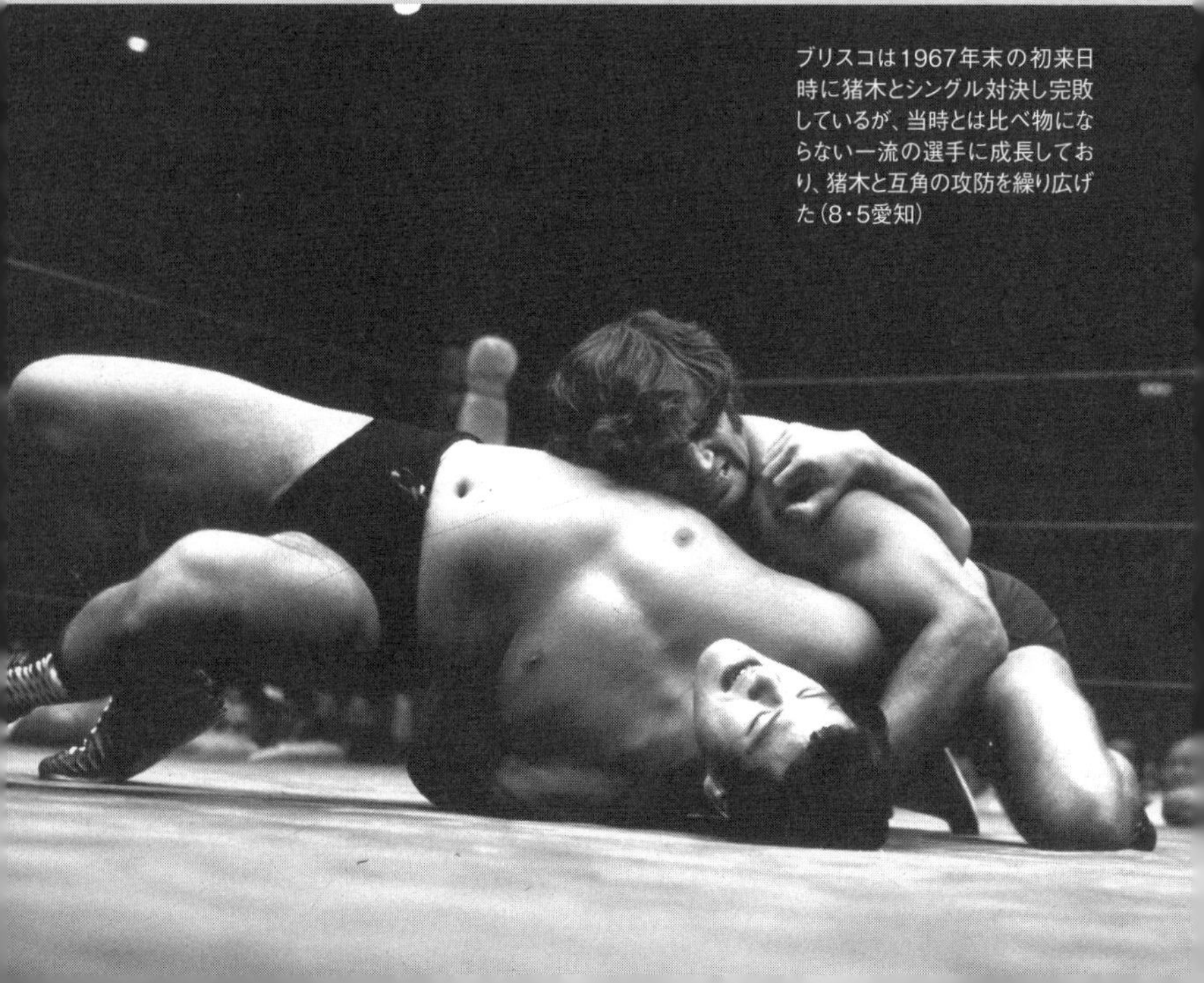

ブリスコは1967年末の初来日時に猪木とシングル対決し完敗しているが、当時とは比べ物にならない一流の選手に成長しており、猪木と互角の攻防を繰り広げた(8・5愛知)

ブリスコに1本目を先取された猪木はジャーマン・スープレックス・ホールドで2本目を奪い返した（8・5愛知）

3本目は必殺のコブラツイストでブリスコを秒殺。猪木は2度目のUN王座防衛に成功（8・5愛知）

ブリスコとの激闘を制し、UNベルトを巻いて誇らしげに勝利者インタビューに応える猪木（8・5愛知）

朝日のアーカイブに残っていて、今でもノーカットで見ることができるが、猪木が日本プロレス在籍時に残した「名勝負ベスト・スリー」に入る素晴らしい内容だった。もちろん、UN選手権がかかった（1971年の）計5試合の中でも「断トツの1位」だと思う。

1本目はブリスコがテクニシャンの本領を見せ、猪木がコブラツイストに来た瞬間に猪木の左足を持って「グーン！」と自らの体を反らせ、猪木の後頭部を強烈にマットに叩きつけてフォール勝ち（21分2秒）。放送席にいた吉村が、「猪木はこれで、こないだ（8月1日の福岡、吉村と組んだタッグマッチ）も1本取られたんですよ。また、ブリスコの罠にはまってしまいましたね」と解説したが、アマレス選手が得意とするカウンターの切り返し技には、芸術的な切れ味があった。猪木は朦朧とした表情で「また、やられたか」という弱気なムードを漂わせた。2本目に入ってもブリスコの攻勢が続いたが、ブリスコが不用意に放った左のフックを空振りさせた猪木は素早くブリスコのバックに回り、電光石火のジャーマン・スープレックスを決めた（7分6秒）。前年8月、福岡でドリー・ファンク・ジュニアに決めたときはややスピードを欠いた「変形逆さ押さえ込み」風のジャーマンだったが、このブリスコ戦のは完璧で、ブリスコの後頭部が鋭角にマットに突き刺さった。ダメージが深いブリスコは戦意を喪失し、3本目はわずか1分37秒、猪木のコブラツイストの前に弱々しくギブアップ。1本目にコブラを返されてフォールされた猪木は「どうだ、みたか！」という表情でブリスコを放り捨てたが、これ以上はない満足そうな笑顔で勝利者インタビューに応じた。

ブリスコがハーリー・レイスに勝ってNWA世界ヘビー級王座を奪取するのはこの2年後（1973年7月20日のヒューストン・コロシアム＝32歳）。猪木が新日本を発足させて2年後の「馬場にNWAの一流どころを独占されていた」時期だったが、猪木は当時「私は2年前にブリスコに勝っている。挑戦さえできれば、また勝つ自信がある」と公言していた。その意味からも、この名古屋のUN戦に勝った実績はとてつもなく大きなもので、その後の馬場、猪木のライバル関係にも長く、甚大な影響を及ぼすものになった。

サマー・ミステリー・シリーズ

エリックとのUN王座戦を通じて、馬場と間接的に勝負

猪木は前シリーズ最終戦の5日後にロサンゼルスに向かい（おそらく倍賞美津子さんを同行）、

スポイラーとシングル対決（9・2千葉）

5日間のバカンスを楽しんだ（8月21日に帰国）。恒例の「残暑シリーズ」は覆面レスラーが多かったために「サマー・ミステリー・シリーズ」というユニークな名称が用いられ、ミル・マスカラス、ザ・スポイラー（ドン・ジャーディン）、ブルー・インフェルノス1号&2号、J・C・ダイクス（マネージャー兼レフェリー）、グリズリー・スミス、ケン・ルスク（マンテル）、ブル・ラモスの8人が招聘された（後半戦の9月4日と6日のみ、フリッツ・フォン・エリックが特別参加。当初はザ・シークが来日予定だったが、地元デトロイトにおけるザ・ブルーザーとの興行戦争が激化したためにドタキャン。表向きは急性肺炎とマスコミ発表）。8月23日（群馬・館林市民体育館）から9月11日（神奈川・横須賀市三笠公園特設リング）までの20日に17興行という過密スケジュールだったが、マスカラス人気（2度目の来日）で、多くの売り興行が入った結果だったと思われる。

このシリーズはマスカラスと馬場、猪木の対戦は少なく、それぞれとのシングルマッチがなかったのはもちろん、タッグでの対戦もミニマムに絞られた（猪木とは3回、馬場とは2回、互いにフォール取得はナシ）。このマッチメークに馬場、猪木の意見が入っていたかどうかは判然としないが、基本的には吉村道明が「ガイジンを含むカードの組み合わせ」の全権を委任されていた時代（前座はミツ・ヒライがマッチメーク担当）なので、吉村が独断で決めて、馬場、猪木はそれに従っていただけのような気がする。馬場、猪木の2人は専ら大型のスポイラー、ラモス、スミスを相手にすることが多く、実質的なエース・ガイジンはスポイラーのような印象があった。

前シリーズに続いてアジアタッグとインタータッグの防衛戦はなく、馬場と猪木はエリック相手のインターとUNの防衛戦のみ。「共通の相手」が挑戦者となったのはこれが最初で最後だったが、馬場、猪木の実力を比較するうえで格好の2日間となった。

まず先陣を切ったのは馬場で、9月4日に田園コロシアムに1万2000人（満員）の観客を動員。1本目は12分18秒、32文ドロップキックから馬場が片エビ固め、2本目はエリックがアイアンクローを決めて、馬場が6分40秒にギブアップ。3本目はロープ・ブレイクを無視してアイアンクローを離さないエリックが2分13秒に反則負けをとられ、馬場が2対1で防衛に成功した。この試合は9月10日に日本テレビから録画中継されたが、それまで見てきた馬場・エリック戦の「焼き直し」のような平凡な内容で、正直「この両者によるタイトルマッチはピークを過ぎたな」というのが実感だった。

一方、9月6日の札幌中島スポーツセンターにおける猪木・エリックのUN戦は見どころが満載だった。NETから生中継だったので（馬場のインターより）スリリングだったこともあるが、これまた満員（発表は7500人）の観衆を飲み込んだ札幌中島からは最高のムードが伝わってきた。やや衰えが見えてきたとはいえ（当時42歳）、エリックの動員力はさすがで、シークの代打役を完璧にこなしていた。1本目はエリックのストマック・クローを食った猪木が10分45秒にギブアップ。猪木が「4の字固め以外」の技でギブアップするのは極めて珍しく（1967年の稿に書いたマイク・デビアスのアルゼンチン・バックブリーカーと、1969年のネルソン・ロイヤル戦でテキサス・ブロンコ・バックブリーカーにギブアップしたくらい）、鍛え上げた強靭な腹筋を誇っていた猪木が「胃袋掴み」でギブアップの声を発したのは、ショッキングなシーンだった。2本目も猪木は執拗な胃袋攻めに苦しんだが、スタンディングの状態で顔面掴みにきたエリックのバックに回って、豪快なバックドロップ一閃。後頭部を強打したエリックは大の字になり、猪木が4分10秒にタイのフォールを奪った。

3本目はグダグダの展開になって、エリックが場外からリングに戻ろうとしたときに、リング内にいた猪木がタックルを仕掛けた。ところがエリックは身を反らすようにしてこのタックルをかわしたので、目標を失った猪木は場外に自爆ダイブ。エリックは右脚をセカンド・ロープに掛けていたので（エプロンに）宙吊りとなり、レフェリーのトルコが猪木、エリック両者にテンカウントして、5分10秒、両者カウントアウトの引き分けとなった。テレビを見ながら私は「引き分け狙いの結末だな」と不快に思ったが、「馬場が勝てない相手には、まだまだ猪木も勝てない時代なのか」と認識するしかなかった。翌日発売の東京スポーツには控室での猪木コメントが掲載されているが、

UN王者・猪木は9・6札幌でエリックの挑戦を受けて立った

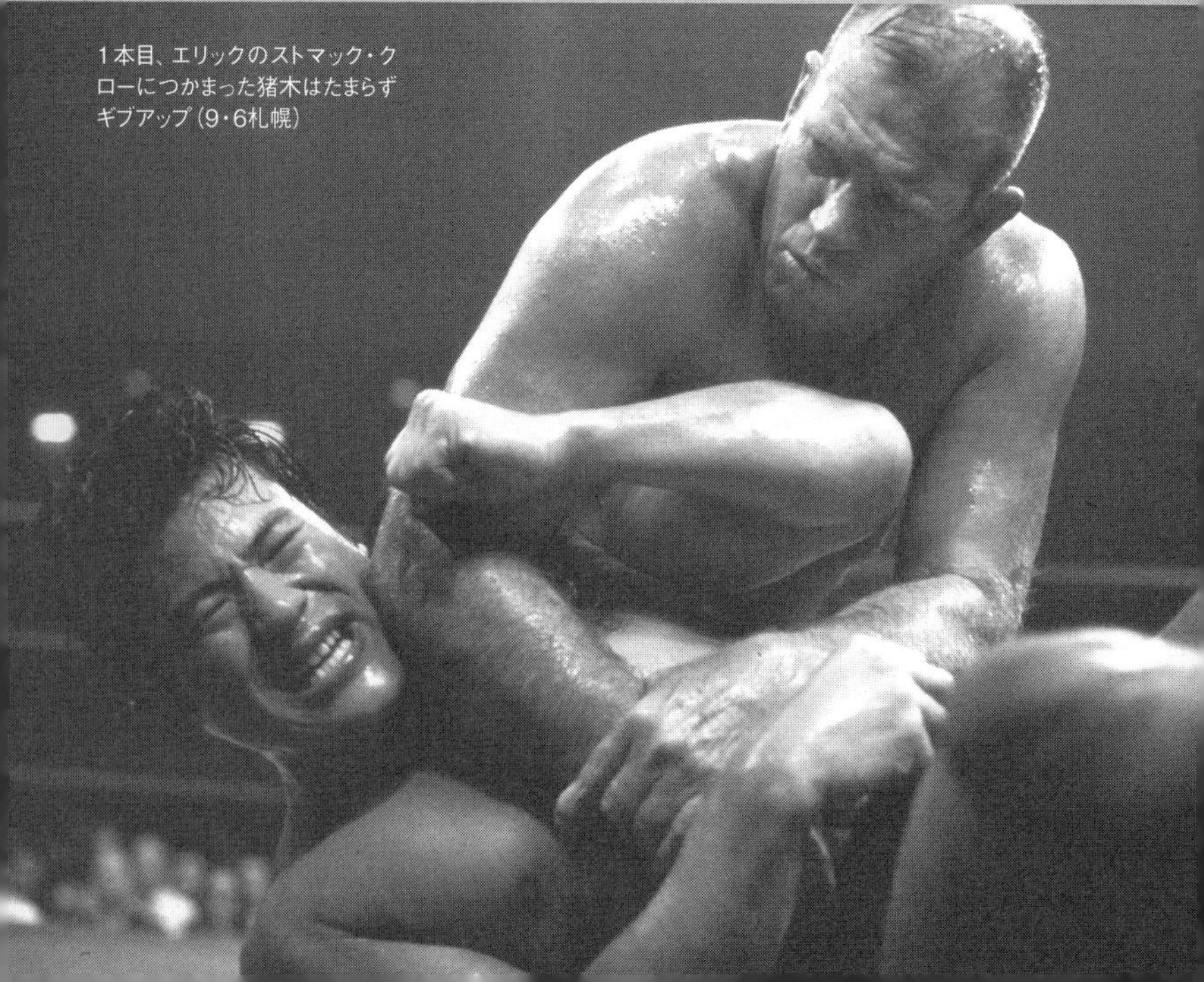

1本目、エリックのストマック・クローにつかまった猪木はたまらずギブアップ（9・6札幌）

1本目を奪われた猪木が猛反撃。ドロップキックで襲いかかり、最後はバックドロップで2本目を取り返した（9・6札幌）

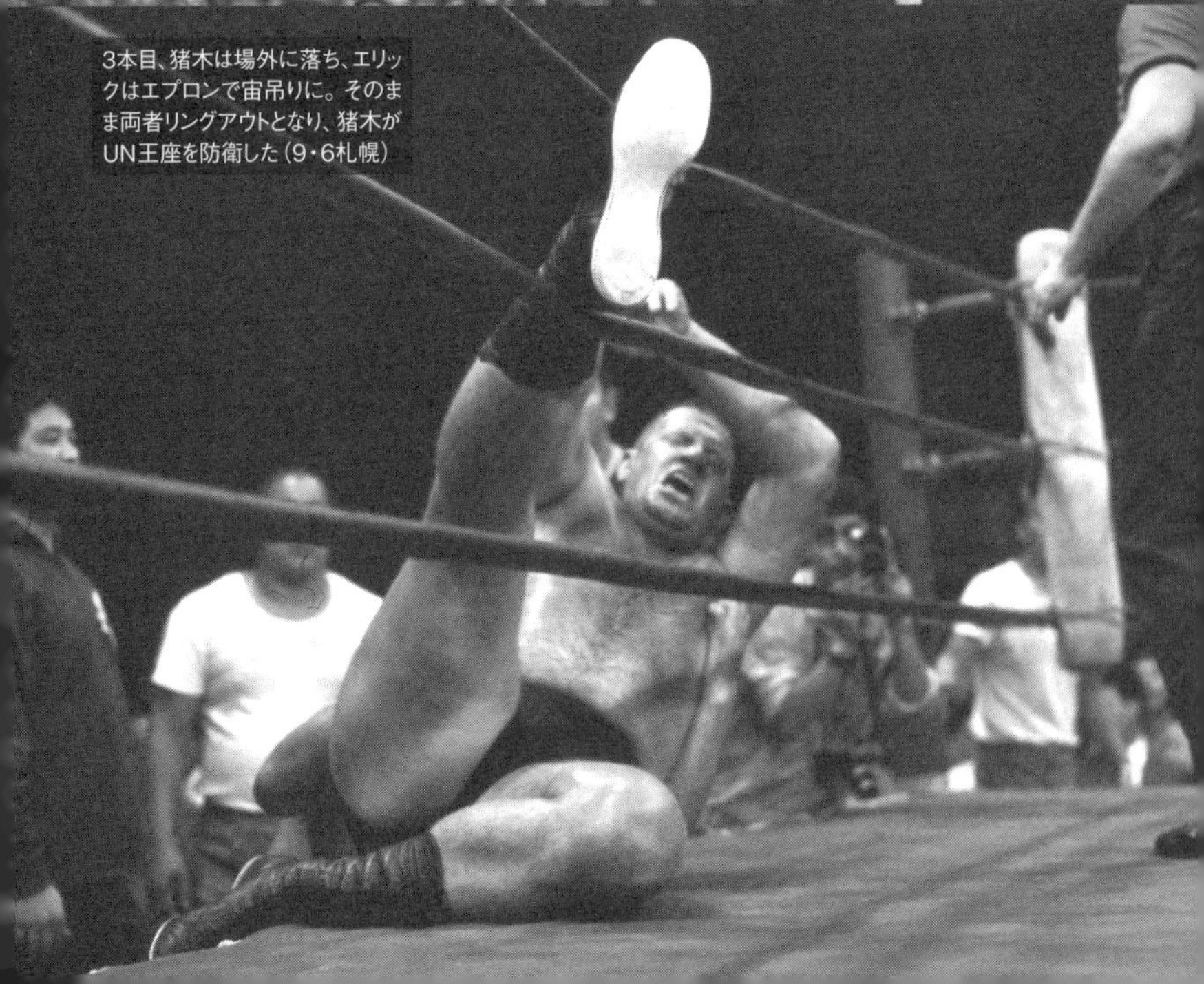

3本目、猪木は場外に落ち、エリックはエプロンで宙吊りに。そのまま両者リングアウトとなり、猪木がUN王座を防衛した（9・6札幌）

「馬場さんとエリックが田園コロシアムでやった試合を、控室から見て徹底的にクローを研究した。ストマック・クローには参ったが、エリックは立った状態から顔面にクローをかけてくる癖があるので、そのスキを衝いてバックドロップで投げられると思っていたが、それが的中した」と、引き分けながら試合経過には満足そうなニュアンスで振り返っている。

猪木はシリーズ最終戦終了後は国内にとどまり、11月2日（京王プラザホテル）に決まった倍賞美津子さんとの「1億円婚式」に向けて準備に奔走した。本書のカバー表紙に使用した猪木のUNベルト写真は、このシリーズ・オフの期間に撮影されたものだが（28歳）、体の張りが素晴らしい。2023年3月7日に両国国技館で開催された「アントニオ猪木お別れの会」で、このUNベルトがガラスのケース入りで入り口付近にディスプレイされていたが、今でも「NWFベルトを締めた猪木より、UNベルトを締めた猪木のほうが好き」という猪木フリークは多い。私も超・僅差でUNベルト姿のほうが好きだが、それはUNベルトのほうが「デザイン的に」好きなだけで、猪木の外見による理由ではない。

第2回NWAタッグリーグ戦
ビクトリーロードとバージンロード

前年に続いて秋の陣は2回目のタッグリーグ戦が開催され、10人のガイジン・レスラーが招聘された。「ワンシリーズに10人」が招聘されたのは日本プロレス創立以来初めてのこと（同時に、これが最後）で、タッグリーグということで偶数（8人ないし10人）必要だったとはいえ、ガイジン係（兼レフェリー）のジョー樋口さんは、さぞかし苦闘の毎日だっただろうと思う。キラー・コワルスキー、キラー・オースチン、ボブ・エリス、フランキー・レイン（10月12日に鳥取で婦女暴行事件を起こし逮捕、強制帰国）、ネルソン・ロイヤル、ポール・ジョーンズ、スニー・ワー・クラウド、ジミー・スヌーカ、ジャック&ジム・ダルトンの10人だったが、全体的なレベルで言うと他のシリーズよりも劣り、「本当に仕事ができるレスラー」はコワルスキーとロイヤルくらいだった印象が残っている。のちにトップスターに成長するジミー・スヌーカ（初来日）も、まだまだ新人の域を出ていない時期だった。

日本陣営は猪木・坂口組、馬場・吉村組、大木・ヒライ組、星野・山本組、上田・小鹿組という編成だったが、これについては、2008年にトークショーの司会をやったときに、星野勘太郎が大いに憤慨していたのを思い出す。「俺と猪木さんは、第1回の優勝チームですよ。それが、なんで第2回に解体されるんですか？　あのときだけは、悔しくて芳の里さんに抗議しました」。目に涙を浮かべて悔しさを述懐する星野を前に、私も胸が締めつけられる思いだった。

優勝決定戦（11月1日、東京体育館）の翌日に婚式が決まっている猪木・坂口組が優勝候補の最右翼に違いないだろう。そのようなリーグ戦だっただけに、さすがに私も「優勝争いの楽しみが薄いシリーズだな」との思いで週2回のテレビ中継を見ていた。

実際、得点争いは猪木・坂口組に有利に進んだ。9月24日に後楽園ホールで開幕したリーグ戦は、前半、中盤を馬場・吉村組がぶっちぎりでリードし、猪木・坂口組はコワルスキー、オースチン組

猪木は坂口と組んで第2回 NWAタッグリーグ戦に出場。写真は11・1東京体育館の決勝戦で猪木&坂口がコワルスキー&オースチンを下して優勝

との1回戦で完敗(2対1)、ロイヤル、ジョーンズ組にも2対1で勝ったが、1本目が両者リングアウトだったために1ポイントしか獲得できないなど、足踏み状態が続いた。

10月22日、佐賀・唐津市体育館からの生中継（日本テレビ）のときだ。この時点で馬場、吉村組は2回戦の3試合を残していたが、猪木・坂口組に4点の差をつけており、「残り3試合で4点取れば決勝進出、超・楽勝ムード」という状況にあった（猪木・坂口は残り試合全勝、すべて2ポイント獲得しても追いつかない）。この夜はそれまで全敗のダルトン兄弟が相手だったので2点が確実だったが、なんと、1本目は両者リングアウトとなり、1点どまり。10月26日の富山・高岡大会でも、1回戦に2対1で快勝（ポイント2獲得）したロイヤル、ジョーンズ組に両者リングアウト含みの2対1で1点どまり。それでも29日の長野・松本大会（日本テレビで生中継）でコワルスキー、オースチン組に「2点挙げれば単独の決勝進出」だったところを、なんと「ストレート負けの無得点（吉村が1本目、2本目をロス）」となり、結局は猪木・坂口組が（馬場・吉村組と）1点差での決勝進出となった（ガイジン側はコワルスキー、オースチンが断トツで進出）。当時中学生だった私も、あまりにも猪木・坂口組にとって好都合な展開にびっくりした記憶がある。

11月1日の決勝戦はNETからの生中継で、放送席には翌日に婚式を控えていた倍賞美津子さんが座った。ここまで完璧なお膳立てをされて、猪木組が負けるわけにはいかない。1本目は坂口が豪快なブレーンバスターでオースチンを叩きつけ先制（5分50秒）。2本目は、それまでシリーズ中のフォール数で負け越していたコワルスキー（シングル戦は2度、両者リングアウト）に、猪木が卍固めを決めてギブアップ勝ち（9分57秒）のストレート完勝。試合後に倍賞さんがリングに上がって、猪木、坂口と並び優勝インタビューを受けたシーンは、さすがに「おいおい、やり過ぎだ。こっちが恥ずかしくなるよ」という感じだったが、この日は広い東京体育館が半分以上の空席（発表は5000人）で、やはり東京の熱心なファンでさえ、私が感じたような「猪木組に何としても花をもたせたい」雰囲気を感じて、会場に足を運ばず「テレビ生中継で十分だ」と感じた結果だったのだろう。

このシリーズの終盤は沖縄遠征が組まれており（11月9日と10日の那覇市安謝広場特設リング）、猪木は倍賞さんを同行しての「新婚旅行」を兼ね、夜の試合開始までは那覇の市内観光を楽しんだ。

ワールド・チャンピオン・シリーズ

猪木史上最も無気力な日々。そして日プロから除名

遂に、このシリーズを書くページにきてしまった。本書のラストがこのシリーズになることは、書き出す前からわかっていた。それでも本稿をタイピングしている今、「すごくイヤーな気分」になる。あの、「猪木除名事件が起きた昭和46年の年末」は、アントニオ猪木の長いキャリアの中では、マラソンで言う「折り返し地点」なのだと思う。ただ、それは結果論であって、あの時点では誰もが「事実上の引退」だと感じたはずだ。当然、私もそう思った。もう一つの国内団体である国際プロレスの吉原功社長が、「ウチが猪木を引き取る可能性はゼロ。かつて、猪木には煮え湯を飲まされた」とコメントした段階で、猪木には「アメリカに渡って一匹狼になる」ことしか選択肢がなかった。それなのに、猪木は12月13日に日本プロレスを除名された翌月の1月26日に、早くも「新日本プロレス」を旗揚げした。前述した「折り返し地点」ならぬ「折り返し期間」は、12月14日から1月25日までの、わずか43日間だけだったことになる。まるで「年末に日本プロレスを辞めるのは、最初からの予定」だったような、信じられないスピードの新団体結成だったが、本書を書き進めているうちに、「このまま馬場さんと同じ団体内にいては、自分の未来はない」という意識が固くなっていったことが、改めて感じられる。特にUN王座を奪ってから、その意識は急速に加速していき、「日本プロレス内部改革の提唱者」になったことも間違いない。それが、芳の里をはじめとする幹部連中に「クーデター」とみなされ、選手会と協会から除名処分となった。

年末シリーズにファンク兄弟が特別参加。11月29日、ホテル・ニュージャパンでマードック、馬場、猪木、吉村と共に各種タイトルマッチの調印式に臨んだ。中央は椎名悦三郎コミッショナー

猪木の除名をめぐる詳細については、2014年に発売されたムック『日本プロレス事件史Vol.3　年末年始の大波乱』（ベースボール・マガジン社）に余すことなく書いたので、それをご参照頂きたいと思う。

さて、気が重いが、最後のシリーズを冷静に振り返ってみたい。

まず、このシリーズ中における重要な記録の訂正を一つ。11月29日の横浜文化体育館のメイン、猪木、坂口組対ドリー・ファンク・ジュニア、ディック・マードック組の3本目だが、13年前に私が監修した猪木デビュー50周年記念DVD　BOXの封入特典『アントニオ猪木全試合完全データ集』（ビデオ・パック・ニッポン＝現・東京サウンド・プロダクション発行）の本に記載したものが誤っており、その後に発行されたすべての記録集がその誤記を踏襲してしまっている。3本目、3分36秒、

坂口がドリーに体固めで負けたとなっているが、正しくは猪木が（ドリーのバックドロップで）体固めでフォールされての敗北だった（1対2。1本目はマードックが坂口を体固め、2本目は猪木がコブラツイストでマードックからギブアップ奪取）。言い訳がましくなるが、これは当時の『別冊ゴング』の「熱戦譜」を引用したのが最初で、そこが「ドリー（体固め）坂口」となっていたのを、私が見過ごして転記してしまったのが根源である。坂口征二さんの名誉（？）にもかかわる記録なので、ここでお詫びして訂正させていただく。

シリーズを通して参加したのはディック・マードック、リップ・タイラー、ディック・スタインボーン、マイク・パドーシス、ジム・ゴールデン、フレッド・バスの6人で、シリーズ前半（11月19日の後楽園ホールから27日までの6興行）にブルーノ・サンマルチノ（WWWF王者を降りてから無冠だった時期）とドン・デヌーチ、29日の横浜文化体育館から12月12日の東京体育館までの後半11興行には、ドリー（NWA世界ヘビー級王者）とテリーのファンク兄弟が特別参加した。12月6日には茨城県スポーツセンターでの興行が入っていたので、11月中旬から市内にベタベタとポスターが貼られていた。また「札止め」は確実と思われたので前売り券を購入しておいたのだが、結果から先に書くと（3月10日の）マスカラス初見参時の6割くらいの不入り（発表は4000人）で、猪木が除名される直前の「不吉な兆候」が随所に表れていた。

サンマルチノとデヌーチが参加していた間には、猪木に目立った不調は見受けられなかった（サンマルチノとは11月27日のタッグマッチで1回ずつフォールを取り合ったのみ）。私がテレビを見ていて「おや？」と思い始めたのは、前述した11月29日の横浜文体（NETで生中継）だった。12

月9日の大阪府立体育館でNWAとUNを賭けた「ダブルタイトルマッチ」が発表されており、この緒戦は意地でも負けられないところだった。つい4週間前に「第2回NWAタッグリーグ戦」で優勝したばかりの「黄金コンビ」は最低でも引き分けないとメンツが立たない場面だったが、3本目は猪木がアッサリとドリーのバックドロップにフォール負け。このバックドロップも切れ味を欠く平凡な投げで、とても猪木の後頭部が垂直に叩きつけられたような感じではなく、場内に「え?これでスリーカウントなの?」と拍子抜けしたような雰囲気が漂っていた。もちろん、この背景で日本プロレス内部に大騒動が起きつつあるなどということは全くわかっていない。4日後の12月3日(金曜日)は山形県体育館からテリー・ファンクとのシングルマッチ(セミの30分1本勝負)が生中継(日本テレビ)されたが、全く覇気のない試合ぶりで、12分54秒に場外乱闘の末に両者リングアウト。テリーと引き分けでは、とて

12・4仙台でマードックを相手にUN王座防衛戦。1本目を奪われたあと、2本目はリングアウト勝ち、3本目はブレーンバスターでフォール勝ち。UN王座4度目の防衛を果たした

マードックとのUN王座戦は猪木らしさを欠いた。じつはこの時、クーデターの首謀者と目され、団体内で孤立していた。結果的にこの試合が最後のUN王座戦となった（12・4仙台）

もドリーには勝てない。通常の猪木であれば、ここはテリーを倒して9日の大阪に弾みをつけるところだが、今思えば、このあたりから「俺は、このシリーズで日本プロレスを追われるかも」みたいな覚悟が芽生えていたのだろう。翌4日の仙台におけるUN戦（4度目の防衛戦）はディック・マードックを相手に辛うじて2対1で勝利をつかんだが、2本目はリングアウト勝ち（鉄柱に額を打ちつけて自爆したマードックを場外に置き去り）で、ツーフォールを取れず「らしくない」攻防に終始した（除名記者会見があった12月13日にNETで録画中継）。

6日の水戸大会は月曜日だったから、3日のテレビ（テリー戦）を見てから3日後。この日の「NETワールドプロレスリング」は12月1日の名古屋・愛知県体育館のアジアタッグ（猪木、吉村対ドリー、マードック。

12・6水戸のスタインボーン戦。この日の午前中、猪木は選手会から除名されていた

吉村とマードックが1本ずつ取り合ったあと60分フルタイム引き分け）録画中継だったが、生観戦を優先したため涙を飲んであきらめざるを得なかった（ビデオデッキという夢のような機械が世に出回る7年くらい前の時期）。開場の5時半にスポーツセンターに入り早速パンフレット（100円）を買うと、セミファイナルで猪木対ディック・スタインボーンの45分3本勝負のスタンプが押されており、「えー！　猪木は、ドリーともテリーとも対戦しないのか！」とガッカリした記憶がある。それでも、30分1本勝負よりはマシだ。気を取り直して客席に着いたが、この日の猪木は本当にひどかった。まさに「無気力試合」。1本目は11分53秒に両者リングアウト、決勝の3本目は6分46秒に猪木がコブラツイストでギブアップを奪い2対1で勝ったが、場内の盛り上がりもないまま、淡々と凡試合が消

化されているだけだった。今でも鮮明に思い出されるのは、1本目の場外乱闘が終わって猪木がコーナーに戻り、「虚空を見上げるような」ウツロな表情を見せながら、乱れた髪の毛を（右の）手の平でゆっくりと後ろに撫でつけるシーンだ。顔には「メンドくせえなあ。はやく終わりたい」と書いてあった（この試合は、12月27日にNETから録画中継された。なんと除名処分のあとに放送されたので非常に驚いた）。あとでわかったことだが、この日（6日）の午前中（水戸に向かう前）、猪木は日本プロレス選手会から除名処分を食っており、すでに協会所属の立場になかったのだ（なんとか芳の里が選手会を説得して、猪木はこの夜と翌日の札幌までは出場）。こんな状況下で「ヤル気」が出るはずはなく、「史上まれにみる無気力試合」の真相を、私は8日後の新聞報道（除名記者会見詳細）で初めて知ることになる。7日の札幌（中島スポーツセンター）インタータッグ戦・馬場、猪木対ファンク兄弟は、水戸に輪をかけたような無気力試合となった。これが結果的に猪木の日本プロレス・ラストマッチとなり、「最後のBIコンビ」（8年後の1979年8月26日に日本武道館の「夢のオールスター戦」で奇跡の復活）、日本テレビで放送された最後の試合にもなった（12月10日に録画中継）。

1本目は場外に落とされた猪木がリングに戻ろうとエプロンに立ったところを、ドリーがトップロープ越しのボディスラムで叩きつけ体固めで先制（16分5秒）。これもフィニッシュになるような強烈な投げではなく、それまでの猪木であれば、簡単にキックアウトしていただろう。2本目は奮起した馬場が32文でテリーからタイのフォールを奪ったが（5分34秒）、全く覇気がないBIコンビは見る影もなく、最後はテリーが馬場を豪快なダブルアーム・スープレックスで叩きつけて決

12月7日、猪木は選手会と別行動で札幌入り。写真は、馬場と組んでファンク兄弟とのインタータッグ王座防衛戦に臨む試合前の様子。猪木の控室は他選手たちとは別室だった

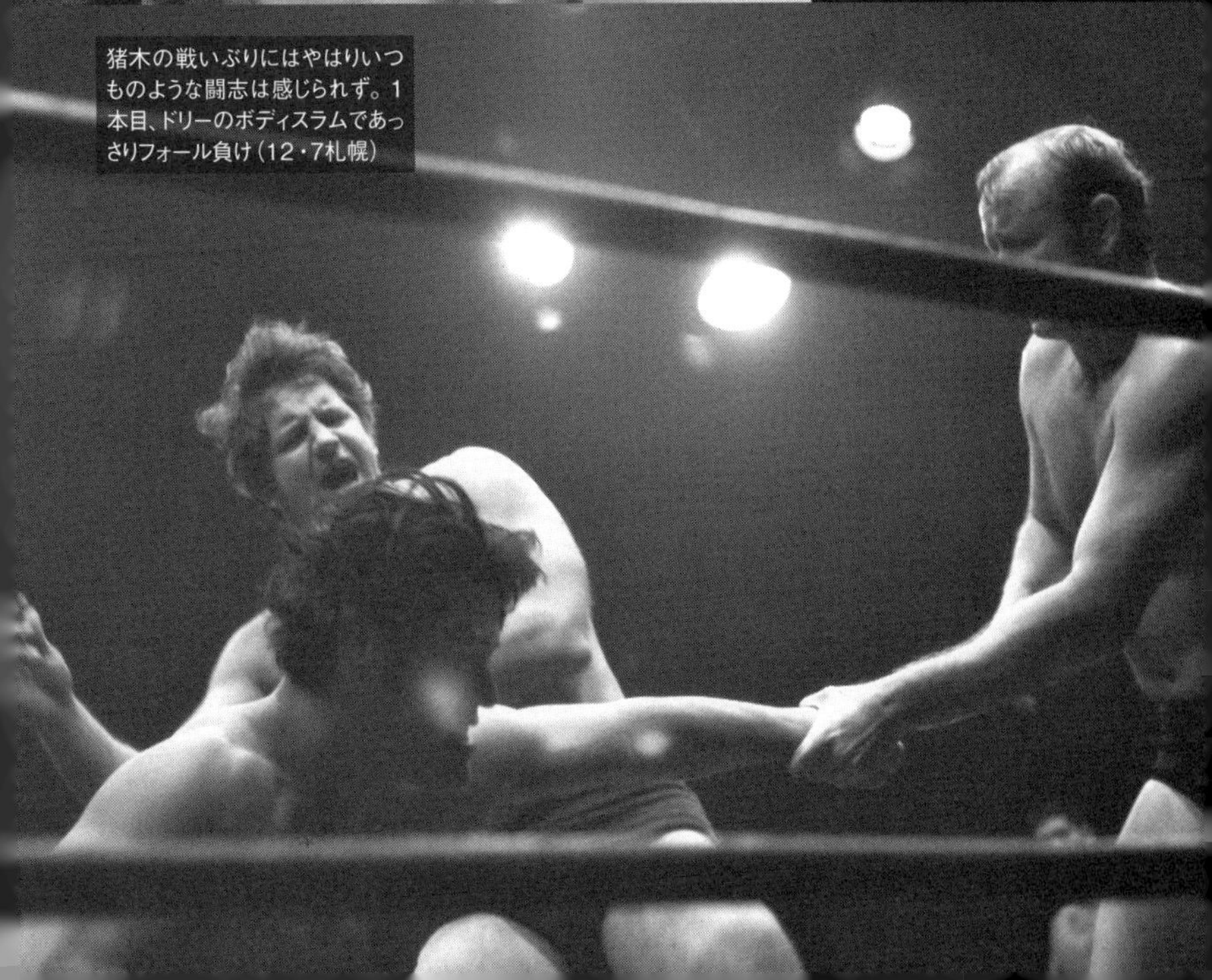

猪木の戦いぶりにはやはりいつものような闘志は感じられず。1本目、ドリーのボディスラムであっさりフォール負け（12・7札幌）

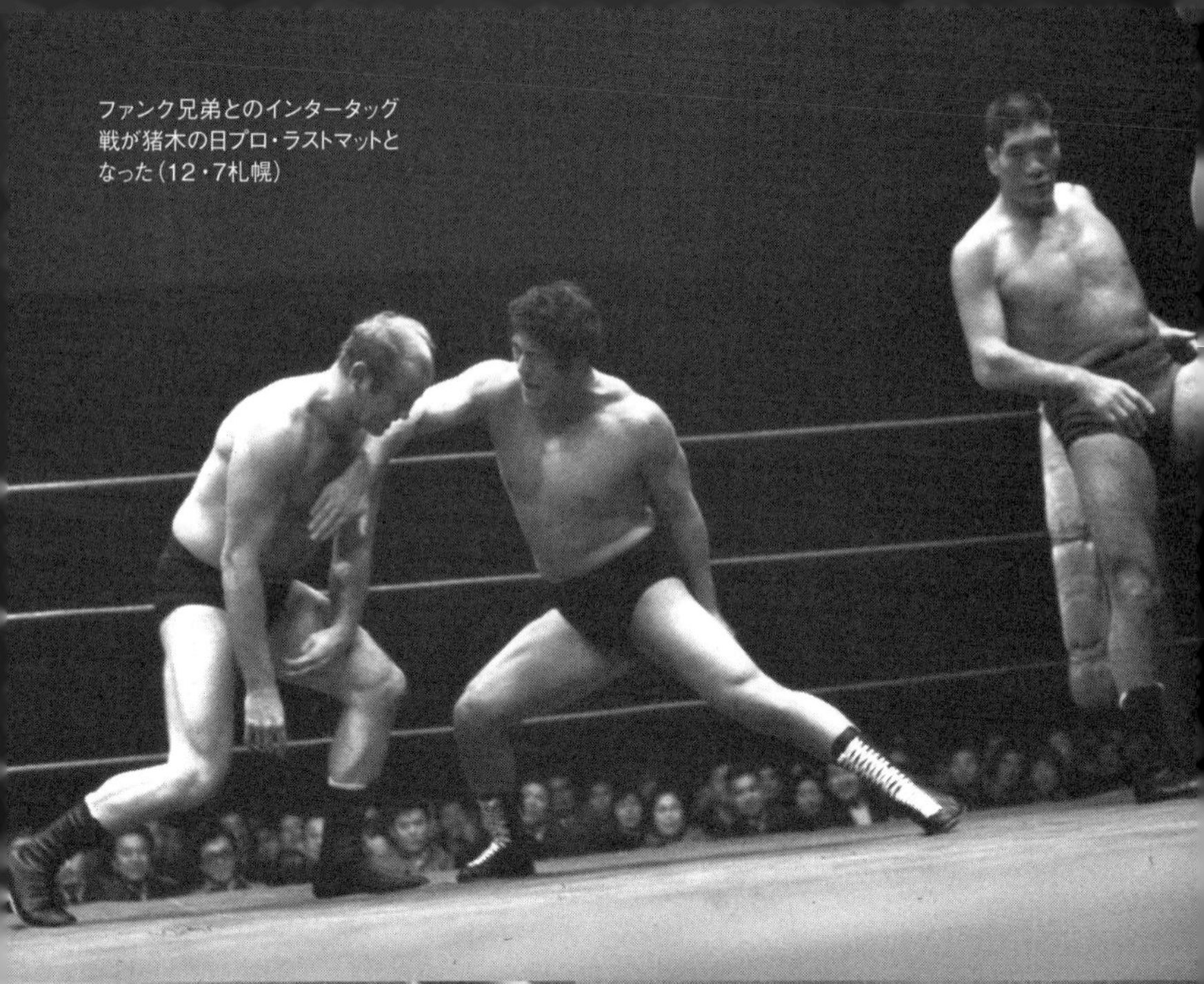

ファンク兄弟とのインタータッグ戦が猪木の日プロ・ラストマットとなった（12・7札幌）

（右）1対1からの3本目、馬場がテリーのダブルアーム・スープレックスでフォール負け（12・7札幌）
（左）馬場&猪木はインタータッグ王座から転落。ファンク兄弟が新王者に（12・7札幌）

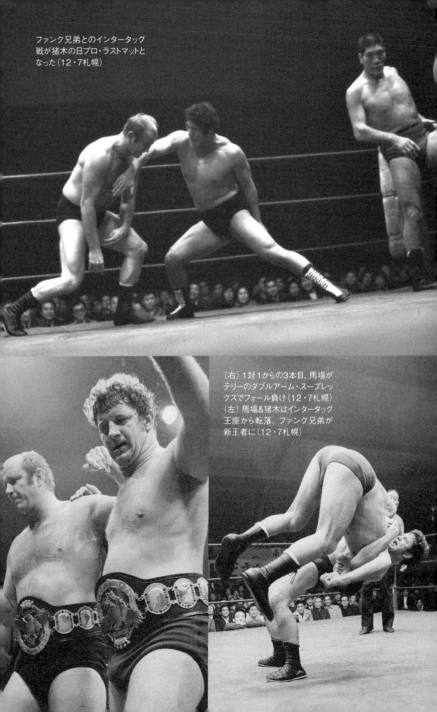

勝フォールを奪った（4分12秒）。猪木は一応ゆっくりと救出に入ったがドリーのタックルに阻まれ、馬場のスリーカウントを待つだけ。「ああ、やっと終わった」という安堵にも似た感情が湧いてきたのか、負けても妙に淡泊だったのが印象的だった。

翌日（8日）は試合がなく、9日の大阪府立体育館に向かって体調を整えることはできたが、既に猪木は「札幌で最後」と決めていたのだろう。8日に渋谷の小林病院に入院し、「尿管結石」の診断書を美津子夫人に持たせて代官山の事務所に提出させ、9日以降の試合を欠場する旨、連絡した。芳の里以下、フロント陣もこの動きは予想していたようで、9日・大阪のNWA世界ヘビー級王座戦（ドリー戦）と12

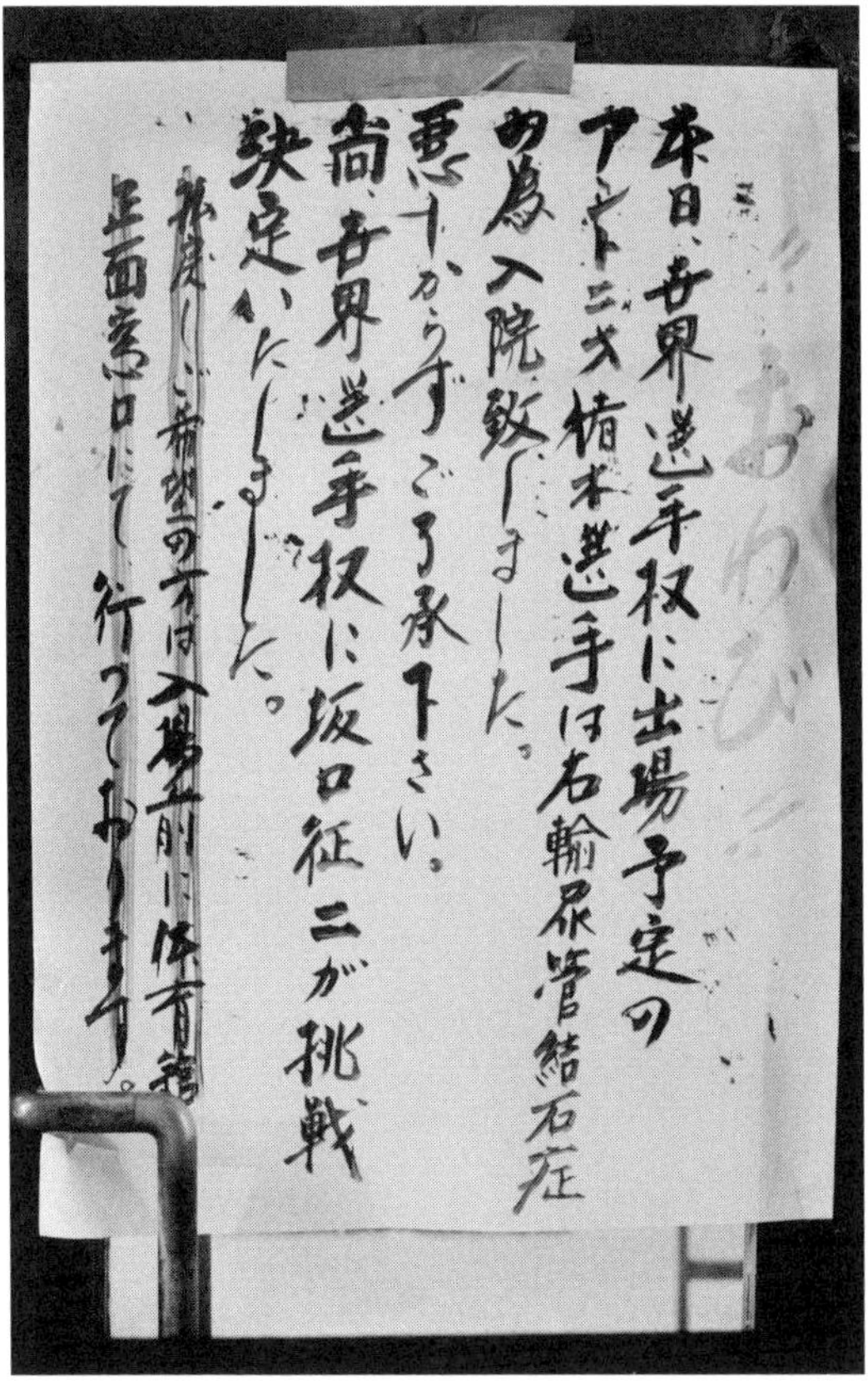

12・9大阪府立大会を猪木は「尿管結石」を理由に欠場

日・東京体育館のアジアタッグ戦（対ドリー、マードック組）には猪木の代役として坂口征二を起用し、急場を凌いでいる（NWA王座戦で坂口は王者ドリーに1対2で敗れたが、アジアタッグ王座決定戦は2対1で勝利。吉村と組んでアジアタッグの新王者となる）。

13日に日本プロレス協会（と選手会）は「猪木を除名する。理由は会社を乗っ取ろうとしたため」と記者会見（代官山事務所）。当初、猪木は馬場、上田らと共に会社の不明朗な経理を正し経営の健全化をはかるための「会社改革」を目指したが、上層部を退陣に追い込んだあと猪木自身が新会社の社長になろうとしていると「クーデター」の疑いをもたれ、団体内で孤立し、追放に追い込まれたのだった。この除名会見に対して猪木と（腹心の）木村昭政（日本プロレスの東京地区プロモーター、会計士、猪木後援会代表）は14日、それまで選手間でかわされた各種の書類（血判状など）を携えて京王プラザホテルで反撃の記者会見を行い、あくまで会社の不正を正そうとする行動だと主張したが、両者の「泥試合」はこれだけで、以降は急速なトーンダウン。前述したように猪木は「これ以上争っても得るものは何もない。裸一貫、出直そう」と考えて、新団体結成に向けた動きに方針転換した。「猪木除名事件」の真相は、51年が経過した今でも謎のまま。「猪木が墓場まで持っていった真相」という点では、この事件と、1983年6月2日の「舌出し失神事件」が双璧だろう。

こうして、猪木の5年に及ぶ「日本プロレス時代パート2」は終わったが、今思い出しても最悪の幕引きで、当時のメモを見返すと、私自身も昭和46年の年末（と47年の正月）は、毎日を非常に暗い気持ちで過ごしていたことを再確認できる。

12月13日、代官山の事務所で日プロ側が緊急会見。芳の里代表が、会社乗っ取りを画策したとして猪木の除名を正式発表した

猪木追放会見には選手たちも同席。木戸修、猪木の付き人を務めこの年デビューしたばかりの新人・藤波辰巳（左側）らも複雑な表情で話を聞いている（12月13日）

猪木が入院している渋谷の小林病院（12月13日）

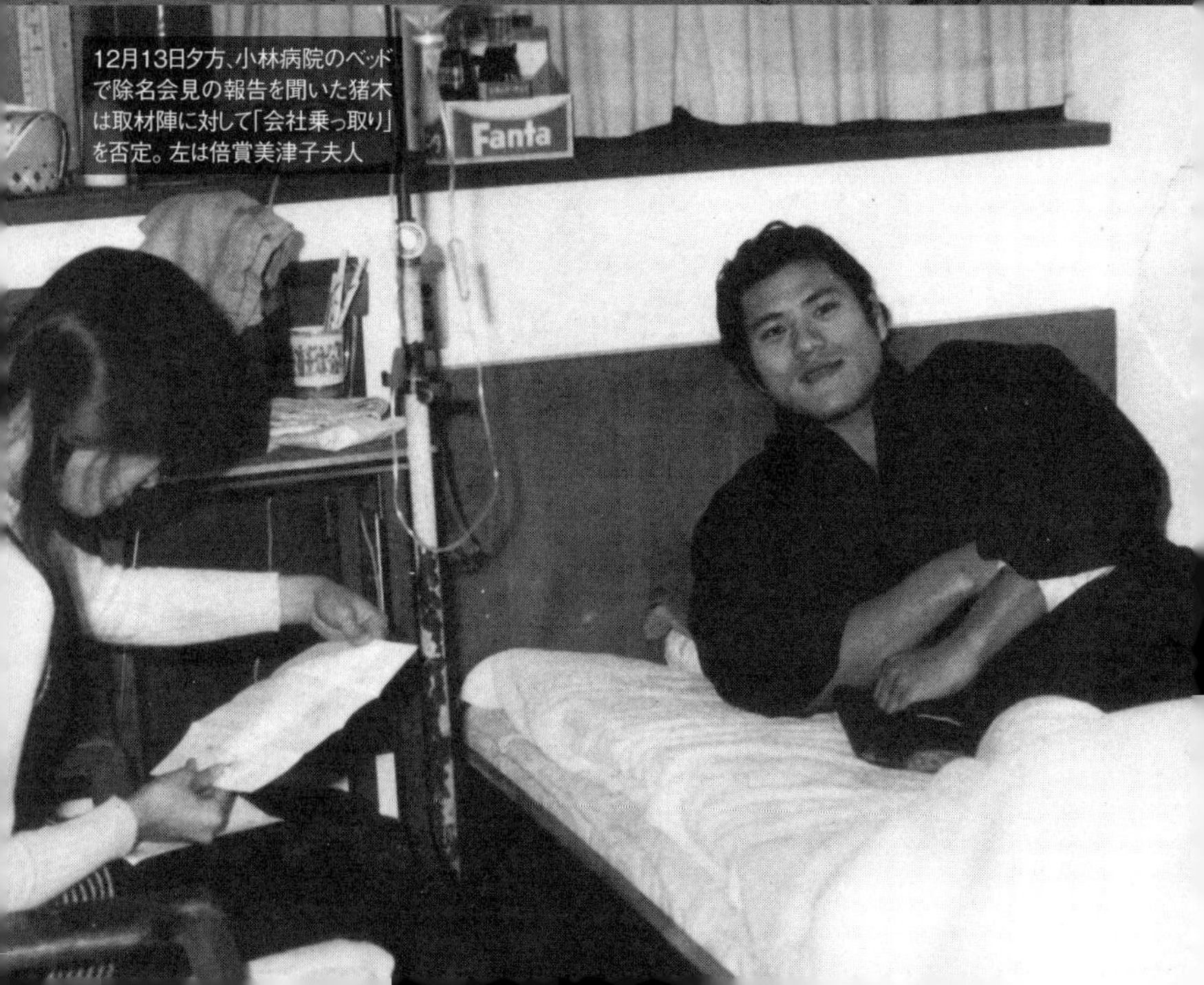

12月13日夕方、小林病院のベッドで除名会見の報告を聞いた猪木は取材陣に対して「会社乗っ取り」を否定。左は倍賞美津子夫人

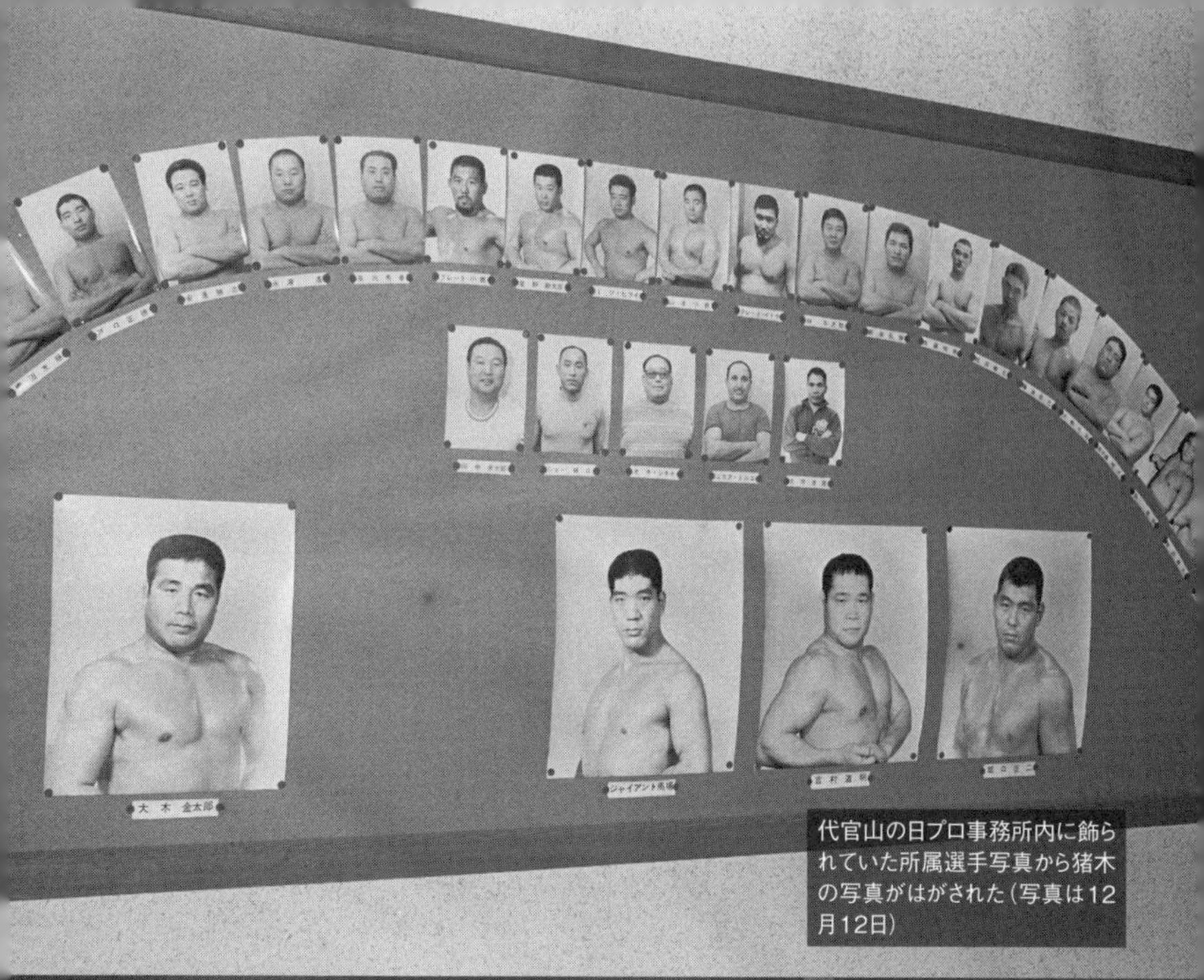

代官山の日プロ事務所内に飾られていた所属選手写真から猪木の写真がはがされた（写真は12月12日）

追放会見翌日の12月14日、新宿・京王プラザホテルで猪木と腹心の木村昭政が反撃の記者会見。猪木の一連の行動は、不透明な経理、会社上層部の不正を正すための「会社改革」だったと訴えた

あとがき

私は毎年、1月1日（元日）の朝になると、「さあ、今年も新春チャンピオン・シリーズが始まるぞ。頑張ろう！」と自分を鼓舞する。同様にこれが2月1日になると、「今日から新シリーズ、ダイナミック・シリーズの開幕だ。頑張るぞ！」と変わり、以降、3月1日は「ビッグファイト・シリーズ」、4月は「ワールドリーグ戦」、5月は「ダイナマイト・シリーズ」、6月は「ゴールデン・シリーズ」、7月は「ビッグサマー・シリーズ」、8月は「サマー・アクション・シリーズ」、9月は「闘魂シリーズ」、10月は「ジャイアント・シリーズ」、11月は「勇猛シリーズ」、12月は「NWAワールドチャンピオン・シリーズ」と変遷して、1年を終える。たしか、20歳になった頃から始めた「一番好きなシリーズ名になぞらえたセルフ・インスパイア」なのだが、12カ月のそれぞれを、「最も象徴していた」と感じられるシリーズ名称（日本プロレス、国際プロレス、新日本プロレス、全日本プロレス）が、子供の頃から自分の頭の中でジワジワと刷り込まれており、それを各月の初日の朝に思い出して、気分を新たに登校、出社していたという一種の「自己暗示」である。プロレスに興味がない方には「なんだそれは？」と苦笑されるだろうが、50歳以上のプロレス・マニアの方なら、なんとなく理解していただけるのではないだろうか？　前期高齢者の65歳となった今でも、この「毎月1日の習慣」である「シリーズ名称に喩えての気分一新」は続いている。おそらくこのマンスリー・ルーティンを、私は死ぬまで変えることはないと思う。

肝心の「大好きなシリーズ名」なのだが、これらは私が小学校、中学校、高校のときに使用されていた名称で、一番新しいものでも、私が大学1年だった1976年の10月から11月にかけて国際プロレスが（一度だけ）使った「勇猛シリーズ」である。本書の「猪木・日本プロレス時代」に使用されていたものが半分くらいを占めており、いかに60年代後半〜70年代前半に見ていた日本プロレス、特にアントニオ猪木の存在が、現在の自分の感性の中で大きな比重を占めているかを再認識する。尾籠《びろう》な話で恐縮だが、私は毎朝トイレに入り、右腕を前に突き出し、右拳を「卍固めのように」握って「大便」を体外に排出する。1971年（昭和46年）3月2日、蔵前国技館のインタータッグ3本目でミル・マスカラスをギブアップさせたときの卍のポーズ、表情が「排便時に最も想起するイメージ」で、めでたく健全なる大便が落下したときは、マスカラスをギブアップさせた気分になる（別にマスカラスに敵意は全くないが）。年齢と共に右の拳を握る時間が長くなって、血圧に悪い影響が出てきているので、早く「卍固め」を仕掛ける出力《いきばり》ではなく、「リバース・インディアン・デスロックロック」程度の出力にトーンダウンさせたいと思っている。便器の上で「脳溢血で急死」するのは避けたい。

閑話休題。先述のようにシリーズ名はその時々の名勝負や出来事を思い出す際のシンボリックなキーワードであり、本書では猪木が現役のプロレスラーとして活躍していた日本プロレス時代から新日本プロレス時代に至るまで、シリーズごとの猪木の戦い、動向、背景、波紋をマニアックに、詳細に追っていった。

さて、本書の締めとして、日本プロレス時代の「猪木シングル戦・10大名勝負」を独断で選出させていただく。

1位　猪木対ドリー・ファンク・ジュニア（1969年12月2日、大阪府立体育館＝NWA世界ヘビー級選手権）

2位　猪木対クリス・マルコフ（1969年5月16日、東京体育館＝第11回ワールドリーグ決勝戦）

3位　猪木対ジャック・ブリスコ（1971年8月5日、愛知県体育館＝ユナイテッド・ナショナル選手権）

4位　猪木対ドリー・ファンク・ジュニア（1970年8月2日、福岡スポーツセンター＝NWA世界ヘビー級選手権）

5位　猪木対ジョニー・バレンタイン（1970年11月27日、横浜文化体育館）

6位　猪木対ザ・デストロイヤー（1971年5月19日、大阪府立体育館＝第13回ワールドリーグ戦優勝決定戦第1試合）

7位　猪木対フリッツ・フォン・エリック（1971年9月6日、札幌中島スポーツセンター＝ユナイテッド・ナショナル選手権）

8位　猪木対ジン・キニスキー（1968年11月29日、北海道・室蘭市富士鉄健保体育館）

9位　猪木対ゴリラ・モンスーン（1969年4月16日、大阪府立体育館＝第11回ワールドリーグ公式戦）

10位　猪木対ニック・ボックウィンクル（1970年10月21日、宮城県スポーツセンター）

10位と超・僅差の次点を４試合だけお許し願う。

（次点１）猪木対ウィルバー・スナイダー（１９６９年１月31日、後楽園ホール）

（次点２）猪木対ディック・マードック（１９７１年12月４日、宮城県スポーツセンター＝ユナイテッド・ナショナル選手権）

（次点３）猪木対キラー・カール・コックス（１９７１年５月17日、姫路市厚生会館＝第13回ワールドリーグ公式戦）

（次点４）猪木対テリー・ファンク（１９７０年７月28日、横浜文化体育館）


１位から10位まで、どれが１位になってもおかしくない名勝負だった。後世の評価基準として「フィニッシュ場面の劇的度合い」、あるいは「猪木の勝った試合」が有利に働くことがママあるが、この期間の猪木に関しては、引き分け試合であっても全く遜色がない。引き分け試合、負け試合には「意味のある引き分け、負け」と表現できる独特の余韻があり、「完敗、惨敗」というのが一つもなかったと思う。これは、見ていた私が小学生、中学生の時期だったことで、プロレスの見方が未熟だったり、かなり（日本人レスラーの）猪木を贔屓目に見ていたせいもあるとは思うが、動画が残っている試合を、50年以上経った現在見直しても同様の印象でしかない。〝若獅子〟と呼ばれていた頃の猪木にはジャイアント馬場という格上の存在がいたことで、負け試合や引き分け試合のあとに見せる表情には、独特の屈辱感と向上心が混在した。それが、「負け」とか「引き分け」という結果をオフセットするに十分なオーラを発しており、〝若獅子・猪木〟時代の最大の魅力はそこにあったのかもしれない。
私は3年前（2020年）、辰巳出版から『東京プロレス』という本を上梓し、その「あとがき」に、「次は余り書かれたことがない、アントニオ猪木の日本プロレス時代について本を出してみたい」と書いた。ご逝去によってそれが具体化したのが本書だが、「書くなら今ですよ！」と尻に火をつけられたのは、例によって本多誠氏（週刊プロレス元・編集長）からの静かなるプレッシャーだった。昨年（2022年）9月に『新日本プロレス50年物語　第1巻　昭和黄金期』が発売された直後の訃報だったので、気持ちの整理というか準備期間がないというか、とにかく猪木さんについて回顧するには時間が欲しかったのだが、本多氏の有無を言わせぬ「押し」にはいつもながら屈服してしまう。今回も色々と我儘を聞いていただき、本多氏には感謝の言葉しかない。続く第2巻も、日本プロレス時代のＢＩコンビのように本多氏との円滑なタッグプレーで、読者の皆さんにアントニオ猪木の魅力、凄みをマニアックにお届けします。

流　智美

流 智美（ながれ・ともみ）

1957年11月16日、茨城県水戸市出身。80年、一橋大学経済学部卒。大学在学中にプロレス評論家の草分け、田鶴浜弘に弟子入りし、洋書翻訳の手伝いをしながら世界プロレス史の基本を習得。81年4月からベースボール・マガジン社のプロレス雑誌（『月刊プロレス』、『デラックス・プロレス』、『プロレス・アルバム』）にフリーライターとしてデビュー。以降、定期連載を持ちながらレトロ・プロレス関係のビデオ、DVDボックス監修&ナビゲーター、テレビ解説者、各種トークショー司会などで幅広く活躍。主な著書は『おそろしいほどプロレスがわかる本』（白夜書房）、『鉄人ルー・テーズ自伝』、『流智美のこれでわかったプロレス技』、『やっぱりプロレスが最強である』、『プロレス検定公式テキストブック&問題集』、『新日本プロレス50年物語 第1巻 昭和黄金期』（ベースボール・マガジン社）、『魂のラリアット』（双葉社）、『門外不出・力道山』、『詳説・新日イズム』（集英社）、『東京12チャンネル時代の国際プロレス』、『東京プロレス』（辰巳出版）、『Pro Wrestling History of Japan, Rikidozan years』、『St.Louis Wrestling Program Book』（Crowbar Press）、など。83年7月創刊の『週刊プロレス』には40年後の現在まで毎週欠かさず連載ページを持ち、2023年も「プロレス史あの日、あの時」の連載を継続中。2018年7月、アメリカ・アイオワ州ウォータールーにある全米最大のアマレス&プロレス博物館「National Wrestling Hall of Fame」から招聘され、ライター部門で日本人初の殿堂入りを果たす。2023年3月、アメリカのプロレスラーOB組織「Cauliflower Alley Club」の最優秀ヒストリアン部門賞である「Jim Melby Award」を受賞（同年8月28日にラスベガスで授賞式）。

猪《いの》木《き》戦《せん》記《き》 **超《ちょう》マニアックな視《し》点《てん》でたどるアントニオ猪《いの》木《き》物語《ものがたり》**

第《だい》1巻《かん》 若《わか》獅《じ》子《し》編《へん》

2023年5月31日　第1版第1刷発行
2023年8月 8 日　第1版第2刷発行

著　者　流《ながれ》 智《とも》美《み》

発行人　池田哲雄

発行所　株式会社ベースボール・マガジン社
〒103-8482 東京都中央区日本橋浜町2-61-9　TIE浜町ビル
電話　03-5643-3930（販売部）
03-5643-3885（出版部）
振替口座 00180-6-46620
https://www.bbm-japan.com/

印刷・製本　共同印刷株式会社

ISBN978-4-583-11618-1　C0075